岩波文庫

34-116-10

大学教育について

J. S. ミル著
竹内一誠訳

岩波書店

John Stuart Mill

Inaugural Address
delivered to the University of St. Andrews,

Feb. 1st 1867

凡　例

一　本書は、ジョン・ステュアート・ミルのセント・アンドルーズ大学名誉学長就任講演（一八六七年二月一日、セント・アンドルーズ大学にて）の全訳である。底本には、*Inaugural Address delivered to the University of St. Andrews*, Feb. 1st 1867, by John Stuart Mill, Rector of the University: London Longman, Green, Reader, and Dyer, MDCCCLXVII を使用した。

二　原文には章立て・小見出しはないが、本書では便宜のために設け、適宜改行をほどこした。

三　本文中の（　）は原語を示す以外はミル自身のものであり、〔　〕は訳者の補足的な註である。

目 次

凡 例

序 広義の教育と狭義の教育 …… 九

一 大学教育の任務——一般教養教育の重要性 …… 一三

二 文学教育 …… 二〇

古典言語と現代言語 …… 二〇

古典文学と歴史 …… 三八

三 科学教育 …… 五九

科学教育の意義 …… 五九

数 学 …… 六六

自然科学 …… 七〇

論理学 …… 七三

生理学 …… 八二

心理学……八七
四　道徳科学教育……九二
倫理学と政治学……九二
歴史哲学……九四
経済学……九六
法律学……九八
国際法……一〇一
五　道徳教育と宗教教育……一〇三
六　美学・芸術教育……一一七
七　結び……一三〇
訳者註……一三五
〔解説〕
教養ある公共知識人の体現者J・S・ミル（竹内洋）……一五三

大学教育について

――セント・アンドルーズ大学名誉学長就任講演
（一八六七年二月一日）――

序　広義の教育と狭義の教育

まず最初に私が申し上げたいことは、諸君自身の投票によって諸君の大学の名誉学長(1)に選出された人間が、その就任講演において、教養を育成する場にふさわしい主題に関して若干の見解を述べるという慣例は大変結構なことであるということです。そこで私もこの慣例に従うことにいたします。

実は、広い意味での教育についての話ほど尽きることのない話題はありません。今まで、多くの賢人たちによってこれほど多く取り上げられてきた問題は他にはほとんどないと思われますが、しかし、この問題に新鮮な気持ちで直面する人、つまり他の人々の意見ではどうしても十分に満たされない精神の持ち主にとっても、「教育」は、最初にこの問題を探求した人にとってと同様に、まったく新鮮な話題であります。そして、今まで教育について実に多くのすぐれた意見が述べられてきたにもかかわらず、思慮ある人なら誰でも、まだ語られたことのない、あるいは、結論にまで到達していない、教育に関する大小さまざまな問題が現に存在していることを感じ取っています。さらに、教育とは、いろいろな人々によって種々様々な観点から是非とも考察されなければならない問題なのです。なぜなら、多面的な問題のなかでも、その最たるものが教育の問題であるからです。

教育には、人格の完成に自分自身を少しでも近づけるという特定の目的に向かって自ら努力し、また他の人々からもそのための援助を受けるという事柄が含まれているのは当然なのですが、実はもっとそれ以上のことが含まれているのです。つまり教育という言葉のもっとも一般的な意味のなかには、人格の完成というその直接的な目的とはまったく異なっている事柄、例えば、法律、統治形態、産業技術、さまざまな社会生活の様式等、さらに人間の意志に左右されない物理的現象、例えば、気候、風土、地理的位置等が、人間の性格と能力とに及ぼす間接的影響などまでも含まれるのです。人間形成に影響を与えるものはすべて、つまり、個人を現在の自己たらしめ、現在の自己からかけ離れないようにさせているもののすべては教育のなかに含まれます。

そして教育とて、悪い教育も往々にしてあり、その結果、その悪影響を防止するために知性と意志によってなしうることすべてをしなければならないこともあります。具体的な例で申しますと、ある地域では「自然」の恵みにとぼしく、人間の全精力を単なる生命維持のために費やすことに汲々としています。また他の地域では「自然」に恵まれすぎ、人間の能力をさほど発揮しなくてもいわば動物的な生存はあまりにも容易に可能となります。しかし両者は精神の自発的な成長と発達を妨げるものです。そして、人間社会がまったくの野蛮状態にあるのはこれら両極のいずれかの場合です。

しかし、ここでは、私はもっと狭い意味での教育、すなわち、すでに到達した進歩の段階を少なくとも維持しうる、また、できることならば、それをさらに引き上げることができるような能力を育成するために、各世代がその後継者になりうる人々に授ける教養に限定して話を進めたいと思います。ここにおられる諸君のほとんどは、日々、この種の教育を実際に受けておられるか、または授けていらっしゃる人々であり、したがって、諸君が現在従事されていること、すなわち、国民的大学(2)に課せられた任務である教育の向上ということが、諸君の最大の関心事の一つであると推察いたしたします。

一　大学教育のなかで果たすべき本来の役割——一般教養教育の重要性

大学が国民教育のなかで果たすべき本来の役割については、十分に理解されていると思われます。(3) 少なくとも大学がこうあってはならないということについては、ほとんどの人々の間で意見の一致がみられます。大学は職業教育の場ではありません。大学は、生計を得るためのある特定の手段に人々を適応させるのに必要な知識を教えることを目的とはしていないのです。大学の目的は、熟練した法律家、医師、または技術者を養成することではなく、有能で教養ある人間を育成することにあります。専門職の養成のための公的機関があるのは至極当然であり、したがって、法律学校、医学校があるのは結構なことです。そしてさらに、工科学校や産業技術を学ぶ学校があれば、なおさら結構なことでしょう。このような学校制度をもつ国々はその制度をもつことによって一層発展することでしょう。しかも、これらの学校をいわゆる本来の意味での教育のために設立された施設としての大学と同一の場所に、そして同一の監督下に置くことには多少の利点もあるにはあるでしょう。しかし、技術を伝えるということは、各世代が次の世代に手渡すべき義務を担っているもの、つまり各世代の文明と価値を支えているもののなかには入りません。そのような技術は、自らの努力でそれを獲得したいという強い個人的動機をもつ比較的少数の人々にのみ必要とされるものであり、そしてその少数の人々ですら、正規の教育課程が修了するまでは、その技術を有効には使用できないのです。

専門技術をもとうとする人々がその技術を知識の一分野として学ぶか、単なる商売の一手段として学ぶか、あるいはまた、技術を習得した後に、その技術を賢明かつ良心的に使用するか、悪用するかは、彼らがその専門技術を教えられた方法によって決まるのではなく、むしろ、彼らがどんな種類の精神をその技術のなかに吹き込むかによって、つまり、教育制度がいかなる種類の知性と良心を彼らの心に植えつけたかによって決定されるのです。人間は、弁護士、医師、商人、製造業者である以前に、何よりも人間なのです。有能で賢明な人間に育て上げれば、後は自分自身の力で有能で賢明な弁護士や医師になることでしょう。専門職に就こうとする人々が大学から学び取るべきものは専門的知識そのものではなく、その正しい利用法を指示し、専門分野の技術的知識に光を当てて正しい方向に導く一般教養(general culture)の光明をもたらす類のものです。確かに、人間は一般教養教育を受けなくても有能な弁護士となることはできますが、しかし、哲学的な弁護士、つまり、単に詳細な知識を頭に詰め込んで暗記するのではなく、ものごとの原理を追求し把握しようとする哲学的な弁護士となるためには、一般教養教育が必要となります。[4] このことは、機械工学を含むほかの有用な専門分野すべてについても言えることです。[5] 靴づくりを職業としている人について言えば、その人を知性溢れた靴職人にするのは教育であって、靴の製造法の伝達ではないのです。言い換えますと、教育によって与えられる知的訓練とそれによって刻み込まれた思考習慣とによってであります。

したがって、数学的な用語を用いれば、大学教育の「上限」はここまでです。すなわち、大学教育の領域は、教育が一般教養の領域を越え、個人個人の人生の目的に適合する各専門分野に分岐する時点で終了します。「下限」を定めるのは大変むずかし

れる一般教養の各分野をほかの分野から切り離して学びうるならば当然教えるべきであると考えるのは、間違っていないように思われます。しかし、そのような学校は一体どこにありうるでしょうか。科学が近代的性格をもつに至ってよりこのかた、そのような学校はどこにもないように思われます。ましてや、イギリス諸島においてはまったく存在しておりません。このスコットランドという歴史ある王国は、偉大な宗教改革者たち[6]のおかげで、南部の姉妹国〔イングランド〕がもちえなかった立派な教区学校[7]をもつに至ったという計り知れないほど大きな利点をもっています。そしてこの教区学校は、他のいかなる国々より二世紀も早く、民衆の大半に対してかなり重要な教育を、掛け声ではなく実際に与えてきました。しかしながら、もっと高等な学校となると、スコットランドにおいてでさえ数少なく不十分であったため、学校が当然果たすべき役割の大部分を大学が肩代わりしなければならなかったのです。例えば、少年期の生徒を受け入れ、学校ですでに教えているべき学科のみならず、そのための準備の大部分まで引き受けるという有様でした。すべてのスコットランドの大学[8]は、大学であるだけではなく、他の学校の不足を補うためのハイ・スクール[9]〔上級中学校〕でもあるのです。もしイングランドの大学が同様の役割を担っていないのならば、その理由は、イングランドの大学にはその必要がないからではなくて、その必要性が無視されているからです。青年たちはほとんど何も知らないでスコットランドの各大学に入学し、そこで初めて教えられます。イングランドの各大学に入学する学生の大部分も彼ら以上に無知の状態で入学し、そして無知のままで大学を出て行くのです[10]。

事実、スコットランドの大学の役割のなかには、一般教養教育の全部がその設立当初から含まれていました。そして、諸君の大学のカリキュラムもまた、ほとんどその設立当初から、その全体を深くかつ幅広く包含することを目的としてきました。イングランドの大学は、長い間教育の重要性と実際の努力目標を古典語と数学の二科目に限定してきましたが、諸君の大学はそのようなことはしてきませんでした。イングランドの大学では、つい最近になって「自然科学」と「道徳科学《モラル・サイエンス》」の優等試験制度[11]が確立されましたが、諸君の大学はその必要はありませんでした。なぜなら、諸君のスコットランドの大学では、この二つの部門の教育はずっと以前にすでに組織化されていたからです。この二部門の学科を担当した諸君の先生たちは講義ひとつしない名目上の教授ではありませんでした。それどころか、自然科学あるいは道徳科学の領域で最大級の名声をもつ教授たちがスコットランドの大学で教鞭を執ってきましたし、そうした先生方のご尽力によって前世紀および今世紀におけるもっともすぐれた知識人の何人かを生み出すことに寄与することができました。スコットランドの大学の教育課程について語ることは、文化一般を構成している重要な各部門について概説することに他なりません。そこで、今日この場を最大限に利用させていただいて、それらの諸部門の一つ一つについて、それらと「人間の啓発(cultivation)」一般との関係という観点から、二、三言及することにしたいと思います。つまり、それらの各部門がいかなる独自な方法で、個人の精神の発達と民族の福祉とに貢献するのか、また、それらの各部門が、われわれすべてに共通する人間性を強化、高揚、純化、洗練するという人類共通の目的に到達するためには、そしてまた、人間が一生を通じてなすべき仕事に必要な精神的道具を供給するためには、いかに協調し合うべきであるのか、ということについて言及することにします。

二　文学教育

古典言語と現代言語

まず最初に、現在よく耳にする高等教育に関する大論争について二、三意見を述べさせていただきます。その論争とは、教育者を改革主義者と保守主義者とに大別するものであり、一般教養教育は古典教育、いわゆる広義でいうところの文学教育であるべきか、それとも科学教育であるべきかという、つまり古典言語か現代科学・技術かで盛んに論じられている問題についてです(12)。この論争は、英国ではスウィフト(13)とウィリアム・テンプル卿(14)の、そしてフランスではフォントネル(15)の名前で憶い起こされることよく似たあの昔からの論争、すなわち、古代人と現代人とどちらが優秀であるかという論争と同様に、延々と実りなく論じられるものです。古典が教えられるべきか、それとも科学が教えられるべきかというこの問題は、実を申しますと、私には、画家は線描画を習うべきか、彩色画を習うべきか、あるいはもっと身近な例でいえば、仕立て職人は上着をつくるべきか、それともズボンをつくるべきかという論争と少しも変わらないように思われてなりません。この論争に対して、私はなぜ両方あってはならないのかと答えることしかできません。文学と科学の双方を含まないようなものが、立派な教育という名に値するでしょうか。科学教育はわれわれに考えることを教え、文学教育はわれわれに考えたことを表現することを教えるといって何の差し支えもないとするならば、その両方を必要としないなどとどうして言えましょう。もしそのどちらか一方を欠く人がいたならば、その人は精神的に貧弱で不自由な偏った人間性の断片しか持ち合わせていないことになるでしょう。言語を知ることの方が重要なのか、あるいは科学を知ることの方が重要なのかなどということを、われわれがわざわざここで問い直す必要はないのです。たとえ人生は短く、しかも仕事でも思索でも喜びでもないことに浪費する時間ゆえに人生がさらに短くなるとしても、人文系の学者が自分たちの住む世界の自然法則や特性についてまったく無知になれるほど、また科学者が詩的情操と芸術的教養を欠いてしまうほど、われわれの精神はそんなに貧弱ではありません。

多くの教育改革者たちが人間のもつ学習能力について非常に狭い範囲の認識しか持ち合わせていないことに私自身驚いています。彼らの言うように、科学の研究は不可欠です。彼らが、現在の教育はそれを軽視していると主張するとき、その言い分はすべてが真実だとは言えませんが、ある種の真実も含まれています。しかし、彼らは少なくとも一般教養教育から現在主として教えられている学問を追い出さなければ、自分たちが奨励したいと思っている学問研究の時間を見出すことは不可能だと思っています。二つの死語である古代ギリシャ語とラテン語について中途半端な知識を得るために少年期全部を費やさなければならないとは何と愚かなことであるかと主張しています。確かに愚かなことではありますが、しかし、人間精神の学習能力は、イートン校やウェストミンスター校(16)の教育能力によって測られるものでしょうか。私はむしろ、これらの教育改革者たちが、二つの古典語を教えているつもりでその実少しも教えていないという公立・私立の諸学校の恥ずべき怠慢に対してその攻撃の矛先を向けることを期待します。私はまた、教えられるべきことだと言われているこうした知識すら大部分の生徒に生かじり程度しか教えないで、生徒たちの少年期を全部浪費させているあのひどい教授法と許しがたい怠慢と無気力に対して、彼らが痛烈な批判を浴びせることを期待したい。そこで、何ができないかを決定する前に、良心に従った賢明な教育によって何をなすことができるかということを検討してみることにしましょう。

一般的に言えば、この点に関してスコットランドはずっと恵まれた状態に置かれていました。スコットランドの青年たちは、在学中にギリシャ語やラテン語だけでなく、それ以外の学科についても何らかの知識を習得することができましたが、それはなぜでしょうか。その理由は、ギリシャ語、ラテン語教育がすぐれていたからです。古典語の初歩的学習は、長い間、公立学校《コモン・スクール》で行われてきました。そして、スコットランドの大学と同様、スコットランドの公立学校もまた、前世紀のイングランドの大学や現在のイングランドのほとんど大部分の古典学校《クラシカル・スクール》〔パブリック・スクールとグラマー・スクール〕とはちがって、決して単なる見せかけの古典教育を行ってきたのではありません。ごく最近までに英国で出版されてきた学校用ラテン文法書のなかで唯一使用に耐えうるものは、私の知る限りでは、スコットランド人によって書かれたものです(17)。事実、イングランドの学校にも理性の光は次第に浸透し始めており、現在のところではまだ慣例に対抗しうる力にはなっておりませんが、しかしその力を持ち始めてはいます。学校の授業内容の改革を実際に推進している何人かの人々によって、そのなかでもアーノルド氏(18)が特に際立ってはいますが、多くの事柄について改革が着手され始めました。しかし、真の改革とは常に時間のかかるものであり、しかも、学校改革は政府や教会の改革以上に時間のかかるものです。というのは、学校改革には、その改革を行う以前にそのための手だてを整備するという、つまり、先生たちを教育するという大きな障害があるからです。もしも、経験によってすでに是認されている改良された言語教育法が、古典を教えている学校で採用されたならば、ラテン語やギリシャ語は修学年を無駄に費やすのみならず、他の学科の修得までも不可能にしている学科であるという陰口をわれわれは聞かなくてもすむようになることでしょう。ほんの幼児にすぎない子供が、いかなる現代語であろうとも、その文法規則に悩まされる前(19)に——実は文法規則というものは、それが適用される実例がすでに馴染み深いものであるときは十倍以上の容易さで習得されるものでありますが——反復練習で言葉に馴染ませることによっていとも簡単にしかも短期間にそれを身につけてしまうのと同じ原理によって、もし少年がギリシャ語、ラテン語を学ぶならば、普通の生徒でも学校を卒業する年齢よりはずっと早く、流暢にしかも知的興味をもって韻文も散文も読むことができ、さらにこの二つの言語の文法的構造について十分な知識をもつことになります。その結果、われわれは科学教育にも十分な時間を当てることができるようになるでしょう。

さらに話を進めてもよろしいのですが、この問題で私が実践可能だと思っていることのすべてを、ジョージ・スティヴンソンが鉄道について語ったときと同じような態度で公言するのは遠慮したいと思います。と申しますのは、彼は、汽車の平均速度を実際に可能な値よりは低い時速一〇マイルと算定しました。なぜなら、もし彼が平均速度をそれ以上の値に算定したならば、実践的な精神をもつ人々は、彼のことをもっとも信用のおけない人物、狂言家、夢想家と評して、彼の言葉に一切耳を貸そうとはしないだろうと懸念されたからです。鉄道の場合は、誰が真の実践的な人間であったか、結果として現われました。われわれが問題にしている言語習得の場合はどんな結果が現われるのか、私はあえて予測するつもりはありません。しかし、私が確信をもって言えることは、もしこの二つの古典語が適切に教えられるならば、学校の教科課程のなかに含まれる必要のある他の学科すべてに十分な時間を割り当てるために、この二科目を除外する必要はまったくないということであります。

人間はすでに最大限の効率で教えられているという暗黙の前提に立脚しながら、人間の学習能力に対して不思議なくらい低いこのような評価しか与えないことに関して、もう少し申し添えておくことにします。そのような狭い考え方は、われわれの教育理念を低下させるだけではなく、もしそのような考え方を容認するならば、未来における人類の進歩に対するわれわれの期待は暗澹たるものになってしまうでしょう。といいますのも、もしも、人間が苛酷な生活環境のもとでは一つの事柄についてしか知ろうと努力しないのであれば、いろいろな事実が増加するに従って人間の知性というものは一体どうなるのであろうかと思われるからです。人間が知らなければならない事柄は、世代が代わるごとに、しかもいまだかつてなかった速さで現在増加しています。知識の各分野は今や詳細な事実が詰め込まれ、その結果、一つの分野を詳しくかつ正確に知ろうと思う人は、その分野全体のより小さな部分に限定せざるをえなくなるでしょう。そして、科学・技術のすべては細分化され、遂には、各人が分担する部分つまり各人が完全に知る領域と有用な知識の全領域との比率関係は、あたかもピンの頭をつけるという技術と人間の産業界の全領域との比率と同じになってしまうでしょう。さて、もしそのような些細な部分を完全に知るために、人はそれ以外のすべてのことについてまったく無知でなければならないとするならば、間もなく人はごく些細な人間的欲望や欲求を満たすことはできるとしても、その他の人間的目的にとってはまったく無意味な存在になってしまわないでしょうか。人間のこのような状態は、単なる無知以上に悪い結果を生み出すことでしょう。他の学問あるいは研究すべてを排除して、一つの学問あるいは研究のみに没頭するならば、必ずや人間の精神を偏狭にし、誤らせることは、すでに経験によって知るところです。このような場合、精神の内部に育つものは特殊な研究に付きまとう偏見であり、またそれとともに、幅広いものの見方に対してその根拠を理解、評価できない無能力さゆえに視野の狭い専門家が共通して抱く偏見です。人間性というものは、小さなことに熟達すればするほどますます矮小化し、重要なことに対して不適格になっていくであろうと予測せざるをえません。

しかしながら、今日、事態はそれほど悪化しておらず、そのような暗い未来を想像させる根拠はまったくありません。人間が獲得しうる最高の知性は、単に一つの事柄のみを知るということではなくて、一つの事柄あるいは数種の事柄についての詳細な知識を多種の事柄についての一般的知識と結合させるところまで至ります。私の申し上げる一般的知識とは、漠然とした印象のことではありません。この大学の教科課程のなかで使用されている教科書『論理学概論』の著者である優秀な学者ホエートリ大主教(20)は、いみじくも一般的知識と表面的知識とを区別しました。一つの主題について一般的知識をもつということは主要な真理のみを知ることであり、そしてその主題の肝心な点を真に認識するために、表面的ではなく徹底的にそれらの真理を知ることです。小さな事柄は、自分の専門的研究のために必要とする人々に任せればよろしいのです。広範囲にわたるさまざまな主題についてその程度まで知ることと、何か一つの主題をそのことを主として研究している人々に要求される完全さをもって知ることは、決して両立しえないことではありません。この両立によってこそ、啓発された人々、教養ある知識人が生まれるのであります。そしてそのような人々は、各々自分自身の領域で獲得した知識から真の知識がいかなるものであるかを学び、一方、他の領域の主題については、そのことについて熟知している人は誰であるかを知りうるに足る知識をもつでしょう。ただし、信頼しうる人物が誰であるかを判断するために必要となる知識の量をわれわれは軽く見積ってはなりません。重要な学問の諸原理が広く一般の人々の間にも滲透すれば、自らの学問領域で頂点に到達した人々は、自分たちの優秀性を正当に評価しうる能力をもち、しかも自分たちの指導に喜んで従ってくれる一般民衆の存在に気がつくことになるでしょう。このようにしてまた、実生活の重大関心事に関して、世論を指導し、向上させる能力をもつ精神も形成できます。

人間精神が扱うことのできる主題のなかでもっとも複雑なものは、政府と市民社会であります。それゆえ、一政党に盲目的に追従する人としてではなく、思慮ある人としてその双方に適切に対処しうる人になるためには、精神的、物質的生活両面の重要な事柄についての一般的な知識が要求されるだけではなく、正しい思考の原理と法則によって、生活体験や、一科学または知識の一分野では提供しえない段階まで訓練され、鍛え上げられた理解力が必要となるでしょう。そこで、われわれが学ぶ目的は、将来自らの仕事に役立つような知識を少しでも多く身につけるということにあるのではなく、むしろ、人間の利害に深く関わるあらゆる重要な問題について何らかの知識をもつことにあるのだということを確認しようではありませんか。しかも、そうした知識を正確に把握するよう気を配り、われわれが確実に知っていることとそうでないこととの境界線を明らかにすること。そして、われわれの目的は、自然と人生について大局的に観る正しい見方を学ぶことであり、われわれの実際の努力に値しないような些細なことに時間を浪費することは怠惰であることを心に銘記しておきましょう。

しかしながら、以上のことから、専門職につながる知識とは区別される一般的知識に関する有用な分野のすべてが、学校や大学のカリキュラムのなかに含まれなければならないという結論には決して至るものではありません。世の中には、学校以外で、あるいは修学年数が終了した後に、またはスコットランドの大学の普通課程が修了して初めて、一層よく学習できるものがあります。私は、学校あるいは大学の教科課程で現代語を正規の必修科目にしようとする改革者たちの意見に賛成するものではありません。とはいえ、それは、私が現代語の知識を大して重要視していないからではありません。現代においては、少なくともフランス語の本を楽に読みこなせるぐらいフランス語に通じていないような人は、十分教育ある人とみなされません。もちろんドイツ語に熟達することもまた大変有益だと思います。しかしながら生きた言語というものは、それを日常生活で用いている人々と交際することによってこそ、ずっと容易に覚えられるものです。[21] その国に数カ月滞在し、その期間を有効に活用するならば、数カ年かけて学校で学ぶよりははるかに上達するでしょう。したがって、そうした容易な方法を利用できる人々にとって、教科書と先生の助けにのみ頼って外国語の習得に努力することは、実際、時間の浪費と思われます。いずれ近いうちに、国際的な学校や大学のなかで、現在よりもはるかに多くの人々がそうした方法を利用できるようになることでしょう。もし大学がほとんどの現代語の基礎であるあの古代言語（ラテン語）に精通する機会を提供するならば、大学自体、現代語の学習を容易にするということで、十分な役割を果たすことになりましょう。なぜなら、古代言語を学ぶことなくヨーロッパ大陸の言語を一つ学ぶことよりも、古代言語を習得した後に、四つか五つのヨーロッパの言語[22]を学ぶことの方がたやすいと思われるからです。

また、学校を出てしまえば、書物に親しむ機会の少なくなるであろう労働者階級の子弟のために、小学校で歴史や地理を教えることは別として、中等学校でそれらの科目を教えることは非常に馬鹿げたことであると私は常々感じてきました。自発的に読書をすることなく、歴史や地理を本当に学んだ者がかつてあったでしょうか。そして、あらゆる種類の知識のなかでもっとも魅力に富み、もっとも容易に理解できる歴史と地理を独力で学ぶために必要な読書習慣と楽しみとを生徒の心に育てないような教育制度がもしあったとしたならば、それはまったくの失敗であると言わざるをえないでしょう。さらにまた、中等学校で教えられるような歴史と地理があるとしても、それらの学科は記憶力以外の知的能力を訓練することにはならないでしょう。大学は、学生を「歴史哲学」へと導く場なのです。つまり、いろいろな事実を知っているだけではなく、それらの事実に自らの知性の光を当ててきた教授たちが、学生に対して人類の過去の出来事についてさまざまな原因を示し、その要点についてできうる限りの説明を与える場なのです。歴史批判、すなわち、歴史的真実の検証ということも、また、教育のこの段階で学生の注意が向けられるべき主題でありましょう。ところが一般に承認されている単なる歴史的事実については、もし何らかの知的能力を発揮しうる青年であるならば、図書館の歴史部門の部屋に入りさえすれば、必要な知識はすべて学びうるでしょう。こうした知識や他の大部分の一般的知識に関してそのような青年が必要とするものは、少年時代にそれらのことが教えられることではなくて、むしろ、彼が利用できるような豊富な蔵書があることなのです。

したがって、普通課程のカリキュラムのなかで認めてもさしつかえないと思われる唯一の語学と文学は、ギリシャ語およびラテン語とそれぞれの文学です。そしてこれらの学科については、現在それらがカリキュラムのなかで占めている地位をそのまま維持させた方がいいと思います。このような立場は、自国語以外の他の洗練された言語や文学について十分に知ることの教育的に大きな価値と、他ならぬこれらの言語と文学がもつ独自の価値とを考慮すれば、承認されることでしょう。

言語についての知識がもたらす純粋に知的な利益が一つあります。しばらく、特にこのことについて話を進めていきたいと思います。人間が犯してきた誤りの原因について真剣に反省したことのある人は、言葉を物と間違える人間の傾向について痛感してきたはずです。言語という主題の形而上学的考察にわざわざ立ち入るまでもなく、人は言葉を何気なくもっともらしく用い、また他の人が言葉を用いるときでも、その言葉によって指示されるものについて何ら明確な概念を抱くことなく、そのまま受け入れるということがいかによくあることであるかということをわれわれは承知しています。再び、ホエートリ大主教の言葉を拝借するならば、「慣れ親しんでいることを正確な知識」と思い誤るのは人間の習性です。われわれは、毎日目に触れるものの意味を問うというようなことをほとんどしません。それと同様に、われわれの耳もまた、いったんある語や句の音に馴染んでしまうと、その音がはたしてわれわれの心に明瞭な観念を伝達しているのだろうかという疑問を抱かなくなります。そして、われわれが、その観念を明確に規定しようとするとき、あるいはその音声によって理解していると思っていることを他の語句で表現しようとするとき、非常な困難に直面することすら思いもよらないのです。このような悪い習慣が、ある言語を他の言語に正確に翻訳する訓練と、われわれが子供の頃から絶えず使用して慣れ親しんできたのではない言葉が表現する意味を探り出す訓練とによって矯正されるようになるということは、今や明白です。

古代ギリシャ人の驚くべき才能を示すもっとも重要な証拠は、彼らは自分たちの母語以外の言語は何一つ知らなかったのに、抽象的思考の領域であの輝かしい業績を残すことができたということです。しかしながら、ギリシャ人ですら、言語のもつあの欠点の影響からまぬがれませんでした。ギリシャ人のなかの最大の知識人で、哲学と他のすべての知的教養の基礎を築いたプラトンとアリストテレスでさえ、絶えず言葉に翻弄されていました。例えば、言語の表現形式を自然のなかに存在する真の関係であると誤解したり、ギリシャ語で同一の名前がつけられた個々の事物はその本質において同一のものでなければならないと想定したりしました。ホッブスの有名な格言がありますます。その格言のもつ深遠な意味は、諸君自身の知性の発達に応じて、ますます高く評価されることになるでしょう。その格言とは、「言葉は賢人にとっては現金代わりの数取り札であり、愚者にとっては貨幣である(23)」というものです。つまり、賢人にとって言葉はそれが表象する事実を表わし、愚者にとっては言葉は事実そのものであるということです。ホッブスの比喩についてさらに述べますと、いろいろの異なった種類の数取り札を使い慣れている人々にとっては、数取り札は単にそれだけのものとみなされるようになるということです。

しかし、今まで見てきたような他の文化的な言語を習得することの利点とは別に、それに劣らぬ重要性をもつ考察があります。ある国の言語を知らなければ、われわれはその国の人々の思想、感情、国民性を実際に知ることはできません。もしわれわれが他の国民についてのそうした知識を持ち合わせていないならば、一生涯かけても自分自身の知性は半分しか開発したことにならないのです。いまだかつて一度も自分の家の外に出たことのないような若者を考えてみましょう。このような若者は、自分が教えられてきた意見や考え方とは異なった別の意見や考え方があるとは夢にも思わないことでしょう。あるいは、そのような人が自分とは異なる意見や考え方を耳にしたならば、そういう意見や考え方は道徳的欠陥、性格の下劣《トーリー》さあるいは教育程度の低さによるものだと考えることでしょう。もし彼の家族が保守党員ならば、自分が自由党員《リベラル》になる可能性などまったく考えられないし、反対に家族が自由党員なら、保守党員になる可能性などまったく考えられないわけです。一つの家族がもつ考え方と習慣がその家族以外の人間と一切つき合ったことのない少年に及ぼす影響は、他の国についてまったく無知な人間に自国の考え方や習慣が及ぼす影響とほとんど同じだといってよいでしょう。そのような考え方と習慣は、その少年にとっては本性そのものなのです。したがって、自分の考え方や習慣と異なるものはすべて、彼にとっては心の中で理解できない異常なものであり、自分のとは異なった方法も正しいことがありうる、あるいは、他の方法も自分自身の方法と同様正しいものに向かいうるという考えは思いもよらないことなのです。こうしたことは、すべての国々が他の国から学ぶべき多くの事柄に対して彼の眼をふさぐのみならず、そのような態度をとらなければ、各々の国が自らの力で成し遂げることのできる進歩までをも阻止することになります。もしわれわれの意見や方法は修正されうるものだという考えから出発しなければ、われわれは決して自らの意見を訂正することも、考え方を修正することもしないでしょう。外国人は自分たちとは違った考え方をすると思うだけで、なぜ外国人が違った考え方をするのか、あるいは、彼らが本当に考えていることは一体何なのかということを理解するのでなければ、われわれのうぬぼれは増長し、われわれの国民的虚栄心は自国の特異性の保持に向けられてしまうでしょう。

進歩とは、われわれのもつ意見を事実との一致により近づけることです。われわれが自分自身の意見に色づけされた眼鏡を通してのみ事実を見ている限り、われわれはいつになっても進歩することはないでしょう。しかし、われわれは先入観から脱却することはできないのですから、他の国民の色の違った眼鏡をしばしばかけてみること以外にこの先入観の影響を取り除く方法はないのです。そしてその際、他の国民の眼鏡の色がわれわれのものとまったく異なっていれば、それが最良であります。

古典文学と歴史

以上述べてきた理由から、文化と文明をもつ他の国民の言語と文学を知ることがきわめて有意義であるとするならば、われわれにとってこの点においてもっとも価値あるものは、古代の言語と文学に他なりません。文明化した現代ヨーロッパの諸国民の間の相違は、古代ギリシャ・ローマ人と現代ヨーロッパ諸国民すべてとの相違ほど大きいものではありません。だからといって、われわれとギリシャ・ローマ人との相違は、はるか彼方の地域に住む東洋人との相違のように、彼らを理解するのに一生努力をしなければならないほど完全に隔たっているわけでもありません。古代人についての知識から得られる唯一の収穫物が以上のようなものであるとしても、それだけでも古代人についての研究はとうの昔に人文・教養科目のなかで一段と高い地位を占めていたことでありましょう。

われわれは現代の著作を通じて古代人を知りうるではないかと主張するのは無意味なことです。何も知らないよりはかなりましではありますが、現代の書物を通じて古代の思想を学ぶことはできません。現代の書物から学びうることは、せいぜい古代の思想に関する現代人であるところの著者の見解であります。現代の書物を通じては、ギリシャ・ローマ人は決して現われないのです。現代の書物はギリシャ・ローマ人についてその著者の現代的解釈を伝えるにすぎません。翻訳にしたところで、大して役に立たないでしょう。人が何を考え、何を言わんとしているのかを本当に知りたいと思う場合、われわれは直接その人自身からそれを聞き出します。われわれは、他人が語るその人の話についての印象を信用せず、実際にその人自身の言葉に耳を傾けるでしょう。ましてや、その人の使用する言葉とそれを伝える人の言葉が異なる場合は、彼の言葉をじかに聞くことはなおさら必要となります。現代語の表現法は、ギリシャ人が書いたものの意味を決して正確には伝えておりません。どんな翻訳家もあえて用いないような冗漫で説明的で回りくどい表現を使用する以外、それを伝えることはできないのかもしれません。ギリシャ人の考え方を心に描き出すためには、ある程度ギリシャ語で考えることが必要です。このことは、形而上学という深遠な領域だけではなく、政治、宗教、さらに日常の家庭的な事柄についても言えることです。

私はこの問題の他の側面についてさらに述べてみたいと思います。そのことに気がついたのは、私が最初であるとは思いませんが、私の記憶する限りでは、そのことについて触れている著作に今まで出会ったことがないように思われます。すなわち、歴史についての知識ほど、他人の手を通さずに直接得ることが、つまり、ものごとの源泉を探求することが重要になるような知識の部門は他にはないということです。しかしながら、ほとんどの場合、われわれはそのようなことをしないようです。過去の出来事についてのわれわれの知識は、過去の出来事の記録そのものから引き出されたものではなくて、それについて書かれた書物から引き出されたものであります。こうした書物に記されていることは事実ではなく、現代のあるいはそれよりも少し前の時代の人の精神のなかで形成された事実についての一見解にすぎません。そのような書物も大変有益であり、貴重であります。それは、われわれが歴史を理解し、解釈し、歴史から正しい結論を導き出す上で一助となるものであり、歴史解説書の最悪なものでさえ、こうしたことすべてに向かって努力しているという実例をわれわれに示してくれることでしょう。しかし、これらの書物はそれ自体が歴史では決してないのです。そこから得られる知識は〔証拠によるものではなく〕信用によるものであり、こうした書物が最善を尽くしていても、それが与える知識は不完全で偏ったものです。なぜなら、その知識は、ごく少数の現代の著述家が史料のなかで見つけ出し、その史実のなかから採り上げる価値があると考えたものだけに限定されているからです。われわれがヒューム(24)、ハラム(25)あるいはマコーリ(26)から自分たちの祖先について学ぶことは、当時の人々が語っていることにさらに同時代の著者や文書のほんの一部を付け加えるだけで得られる知識と比べれば、なんとわずかなことであるか。最近の歴史家はこのことを十分に認識しています。そこで、彼らは、自分たちの著作の各ページを原史料からの抜粋で満たし、これらの抜粋こそ真の歴史であり、彼らの註釈や叙述部分は歴史を理解するための補助手段にすぎないと考えています。

さて、このようにわれわれがギリシャ・ラテン語研究を通じて歴史を原典で学ぶことができるということは、それらの研究がわれわれにとって特に大きな価値をもつということになりましょう。われわれはそれらを研究することによってその時代の精神とじかに接触し、伝聞に頼らなくてすむようになるでしょう。つまり、われわれは、近代歴史家たちの叙述的再現と理論を検証する素材を手にするのです。それでは、なぜ近代史の原史料を研究しないのかという質問が出るかもしれません。それに対して、私は、そうすることは大変望ましいことであると答えましょう。そして、ついでに、このような近代史の研究でさえ死語となったラテン語の研究を必要とするのであると補足しておきましょう。というのは、宗教改革以前のほとんどすべての記録およびそれ以後の多くの記録はみなラテン語で著されているからです。だがしかし、このような記録を渉猟することは大変有益な研究でありますが、教育の一部門にはなりえませ従属部分になるのかを、決定するのです。こうしたことが普遍文法《ユニヴァーサル・グラマー》の主題を成すのです。そしてこのような主題をわれわれにもっともよく教えてくれる言語は、もっとも確定的な規則をもち、思考によって区別されうるものすべてに対して明確な形式を与えるような言語に他なりません。したがって、もしわれわれがそのような形式に対して細心の注意を払うことを怠れば、文法違反を犯すのは必至でありましょう。このような特性をもつという点で、古典語は、すべての現代語に比べても、否、死語であろうと現用言語であろうと、一般的研究に値する文献をもつ他のすべての言語に比べてみても、比類のない卓越性をもっているといえるでしょう。

しかし、教育的価値から言えば、文学そのものがもつ卓越性の方がはるかに重要であり、しかも明白であります。文学がその伝達手段として伝える素材の内容的な価値という点においてでさえ、ギリシャ・ローマ文学はまったく他の追随を許しません。古代人によるさまざまな科学的発見のなかには、現代の論文のなかに組み込まれて今でも価値を失わないものが多くありますが、大部分の発見はその後他の発見によって乗り越えられてしまっています。しかし、そっくりそのまま受け継がれることなく不完全な形で、しかも断片的にしかわれわれに手渡されて来なかったとはいえ、生活の知恵とでも呼びうるものについて古代の人々が蓄積した財産があります。それは、人間の本性と行為についての経験的知識の豊かな蓄積です。言い換えれば、その時代の炯眼が当時の簡素な生活様式のゆえに、人間の本性と行為とに対しより鋭い洞察を行い、それを著述の形で残したものであり、しかもその大部分は依然としてその価値を保ち続けているのです。トゥキュディデスの演説集(28)、アリストテレスの修辞学、倫理学、政治学、プラトンの対話篇、デモステネスの弁論集(29)、ホラティウスの諷刺文学(30)、特にその書簡体作品、タキトゥス(31)の全著作、教育に関係するあらゆる問題についての古代世界の最高の思想の宝庫であるクインティリアヌス(32)の偉大な著作。また、形式的な様式性という点ではいくぶん劣ってはいますが、古代の歴史家、弁論家、哲学者、さらに劇作家までもがわれわれに残し伝えてくれたすべてのものは、市民生活と私的生活の両面に適用できる非凡な良識と洞察とを表わす言葉や箴言で満ちています。そしてそれらのなかに含まれている真実でさえ、それらの著作が真理の探究を励まし助けることに比べれば、その輝きが減ずるくらいであります。

すなわち、素材の処理の仕方の芸術的完全性について話をしています。というのは、内容に関しては、私は、自然の奥深く切り込んでいくという点で近代科学が古代の科学に優っているように、近代詩の方が古代詩より、科学ほど歴然とした違いではありませんが、優っていると思われるからです。現代精神がもっている感情は、古代人のもっていた感情と比較すれば、はるかに多様で、複雑で多面的です。近代精神は古代精神とは異なり、熟考型で自意識的です。そしてその熟考的自意識は、ギリシャ人・ローマ人が想像だにしえなかった、そしてもし想像したとしてもまったく理解できなかったであろう人間精神の深層部分をも発掘しました。(34) しかし、自分たちが表現しえた内容については古代の人々はすばらしい様式で表現したのであって、近代のもっとも偉大な人々でさえ、あえてそれに対抗しようとすらしなかったのです。もちろん、古代の人々は近代の人々に比べてはるかに時間に恵まれていたし、彼らは選ばれた有閑階級の人々のために主として著作していたということを忘れてはならないでしょう。急いで読む人々のために急いで書くわれわれ著述家にとっては、彼らと同じような完全性を著作に与えようとすることはおそらく時間の損失でしょう。とは言っても、完璧な模範に親しむことは重要なことです。というのは、われわれは、部分的な活動領域に埋没し、完璧な模範に近づこうとする努力を怠りがちになるからです。また、完璧な模範があることで、われわれは少なくとも優秀なものとはどんなものであるかがわかるようになり、その結果、それに憧れ、能力の範囲内でその域にできる限り近づこうと努力するようになります。これこそ、古代の人々がわれわれに与えてくれた貴重な贈物であり、そして彼らのすぐれた作品はわれわれに複製する余地も与えなければ、直接模倣する余地をも与えないものであるゆえに、なおさら一層貴重なものなのです。

そのような卓越性は、学ぼうと思えば学べる小手先の技術というようなものにあるのではなく、手段が目的に完全に適応していることにあります。偉大なギリシャ・ローマ人作家の文体の奥義は、彼らの文体が良識を完全に体現していることにあるでしょう。まず第一に、彼らは無意味な言葉や、何の意味も補足しない言葉は決して使用しません。彼らにとっては、常に(まず最初に)意味があるのです。つまり、彼らは自分たちの言いたいことをまず認識し、それをこのうえもない正確さと完璧さで表現して、最大限の明瞭さと鮮明さで心に訴えることが彼らの目的のすべてとなります。一作品が、それが表現する内容から抽象的に切り離された姿でも美しいと考えるようなことは、彼らには思いもよらなかったのです。彼らにとって、作品の美しさとは、常に意味内容の完璧な表現に従属するものであり、古代の批評家たちが特にホラティウスに与えたところの「絶妙に表現された傑作[35]」という讃辞こそが、彼らすべての到達目標を表わす言葉でした。彼らの文体は、スウィフトの言う「適所適語[36]」という語句で的確に表現されています。デモステネスの演説集をみればわかるように、そのなかには文体らしきものはなにもありません。聴衆をいつのまにか演説者の意図する精神状態へとうまく導いていくために、言葉の一つ一つがその言葉でなければならないこと、そしてまた、その場所になければならないことに気がつくのは、実はそれを詳細に分析した後のことであります。作品の完璧さが現われるのは、そのなかにいかなる些細な損傷や欠点もまったくみられないとき、すなわち、思考や感情の流れを阻むものや、たとえ瞬間的にせよ、作品の主題から注意をそらさせるようなものがまったくないときだけであります。しかし(今までよく言われてきたように)、そのときのデモステネスの意図は、アテネ市民から「何とすばらしい演説家だ」と賞讃されることではなく、「さあ、フィリッポス軍に向かって進撃を開始しよう」とアテネ市民に言わせることにありました。

装飾そのものが価値あるものとして奨励されるようになったのは、古代ギリシャ文学が衰退してからのことです。その全盛期においては、ほんのわずかな形容詞句さえ挿入されることはありませんでした。というのは、文学はそれだけで十分に美しいものと考えられていたからです。また、単なる記述のためにですら、形容詞句は使用されませんでした。というのは、例えば、ルカーヌスの叙事詩(37)のなかで頻繁に使用されているような、純粋な記述形容詞句は文体を腐敗させるものであると思われたからです。言葉は、われわれの意図を顕現しない限り、そしてまた、作品の主題を表現するのに必要となる対象を明示しない限り、文学においていかなる役割をもつものとはみなされませんでした。このような条件が満たされて初めて、使用される道具、つまり、言葉のもっている内在的な美しさが派生的な効果を引き起こす源泉となり、例えば、詩作法における韻律や旋律のようにその効果が当然利用されることになります。しかし、ギリシャの偉大な作家たちは、装飾のみが人の注意を引き、装飾の美しさのみが輝いているような、いわゆる装飾のための装飾が存在しうるのは、作品の主題から人間精神が切り離されたときだけであることを知っていました。また彼らは、そうした装飾は、結局のところ、単なる一時的な興奮などではなく、重要な伝達内容を当然もち、またもつと一般的に認められている人間の言説がより高い目的に向かうのを妨げるのみならず、芸術作品としての完璧さをその統一的効果を破壊することによって逆に損ねてしまうことをも知っていました。このことこそ、われわれが古典作家から学ぶべき文章法の、第一の価値ある教訓です。

第二の教訓は、文章は冗長であってはならぬということです。トゥキュディデスはたった一段落のなかで、ある戦闘場面を実に生き生きとした鮮明な描写で再現することができたのです。そしてその描写は、ひとたびそれを心に描けば、二度と忘れることのできないほどのものでした。おそらく、あらゆる歴史文学のなかでもっとも力強いそしてもっとも感動的な物語作品は、トゥキュディデス『戦史』第七巻のなかのシチリアにおける破滅の叙述でありましょう。しかも、その叙述に費やされたページ数の少ないことに、われわれは驚嘆せざるをえません。古代ギリシャ人は、可能な限り丹念に文章を作成したために、その文体は実に簡潔でした。他方、現代の作家のほとんどはあえて苦心をしないために、その文体はきわめて冗長です。古代の偉大な作家は、一つの思想をほんのわずかな語あるいは文のみで完璧に表現することができました。現代作家は、明瞭かつ完全には思想を表現できないがゆえに、文章に文章を積み重ね、その各々の文章にさらに余分な説明を書き加えて、たった一文では到底自分の考えを十分表現しえないとしても、それらの文章が全部集まれば、理解させることは十分可能であろうと期待しながら、いたずらに反復を重ねているのです。この点に関して、現在のわれわれの状況は改善に向かうどころか、ますます悪化しつつあるように思われます。といいますのは、われわれは時間的余裕に恵まれず、忍耐力も欠如しており、しかも著作のほとんどすべては、多忙のあまり読書に十分な時間を当てることのできない一般大衆に対して提供しなければならないからです。現代の生活は、なすべき仕事が厖大に増え、しかもその供給を受ける大衆の数も厖大になって厳しくなり、その結果、何か特別に言うべきことをもっている人々でさえ、つまり、世に伝えるべき使命をもっている人々でさえ、傑作を生み出すのに専念する時間的余裕がないのです。

しかし、もしいまだかつてどんな傑作も存在したことがなかったとするならば、あるいは、存在していたとしても、現代の人々がそれを知らないのであったならば、状況は今日以上に悪化していたことでしょう。幼いうちから完全な作品に親しむことは、そうでない場合よりも、われわれの時代のまったく不完全な作品に触れることから受ける悪影響をより少なくすることができるでしょう。つまり、高い水準の優秀な作品が存在することで、われわれの作品が凡庸に陥らずに立派なものになりうるという明白な相違を生ずると思われます。

今まで述べてきた理由によって、ギリシャ語、ラテン語とそれらの文学作品が一般教養の一環として、すなわち、生活の事情から若い時期に学問を断念する必要がなかった人々のための教育の一部として、現在占めている地位を保持することは重要なことであると思います。しかし、古典研究の一般教養におけるこのような地位を擁護する同じ理由が、また一方では、古典研究にはそれなりの限界があることを暗示しています。古典研究は、学生たちが卒業後、古典文学の傑作を容易に読みこなすことができるように十分に行われるべきであります。時間的余裕があって、さらに学問をやろうとか、古代史や一般言語学を専攻しようと志す人々は、当然それ以上の古典研究をしなければならないでしょう。ところが、一般教養ではそのための余地はまったくありません。イングランドの古典教育を行っている中学校における授業時間の骨折り損の浪費は、どんな厳しい非難を受けても仕方のないものです。一体何のために、青少年期のもっとも貴重な歳月が下手なラテン語、ギリシャ語の韻文しか書けるようにならない学習のために取り返しのつかないほど浪費されなければならないのでしょうか。(38) たとえ卒業するまでに、古典語で上手に作文できるようになった生徒がいたとしても、われわれがそれらの生徒に対して何かよいことをしてやったのだとは私には到底考えられません。私は、才能と幸運に恵まれた人々に向かって、もし彼らの時間と労力がこのような「些細なことを難しく考える勉強」に費やす必要がないとしたならば、この世の中の重要な仕事はほとんどすべて成し遂げられるのではないだろうかと尋ねてみたい誘惑にかられることがしばしばあります。

　私はある言語を正確に学ぶための手段として、作文の効用を無視するつもりは毛頭ありませんし、また私自身、これに匹敵する効果的な方法を他に知りません。しかし、どうして散文の作文だけで十分だといえないのでしょうか。もし、表現すべき思想を少しももっていない生徒たちが、不幸にも、借りものの語句を単に機械的につなぎ合せるという悪習——本来ならば、教師はそうさせないことが自分の第一の義務であると考えるべきではあるが——を身につけてしまって単に棒暗記したものから無理矢理作り出した文章が「原典による作文」と呼ばれうるならば、そんな作文の必要性は一体どこにあるのでしょうか。学習者の要求にもっとも応えてくれる作文練習は、すぐれた文筆家からの翻訳文をもう一度原文に訳しなおしてみるという、もっとも効果的な練習法であります。そして、この練習に、今でもヨーロッパの学校で行われているラテン語会話の練習をときどき加えれば、なお一層効果的になると思われます。もし韻文を作ることが古代詩の鑑賞にとって必要であるならば、そのために費やされる時間はまったく無駄であるとまでは言い切れないでしょうが、しかしそんな途方もない料金を払って詩を楽しむくらいならば、詩の鑑賞など諦めた方がよいとさえ思われます。また偉大な詩の美しさがその技法の巧みさを知ることだけで了解されるのならば、その美しさは真の美しさからはほど遠い貧弱なものになるでしょう。確かに、詩人にとって技巧は必要なものでしょう。しかし、われわれには無用のものであります。詩を批評する場合には、技巧は必ず考慮されなければなりませんが、鑑賞のためにはその必要はありません。われわれにとって必要なことは、言語によく精通し、詩人が効果を意図してさまざまな連想に誘なう言葉の意味が何の抵抗感もなしに伝わってくるようにするということだけです。このくらい言語に精通し、しかも訓練された耳をもっている人ならば誰でも、たとえ通常のサフォー[39]風の四行詩やアルシアス[40]風の詩体の韻律規則を知らなくとも、ウェルギリウス[41]やホラティウスの音律を、グレイ[42]やバーンズ[43]やシェリー[44]の詩の音律と同じように、十分に楽しく鑑賞することができるでしょう。私は、もちろん、このような規則を教えてはいけないと言っているのではありません。ただ私としては、もしそれを教えるのならば、そのための特別学級を作り、その授業を教科課程の必修科目ではなく、選択科目にすればよいのではないかと思うのです。

三　科学教育

科学教育の意義

一般教養の一部分を占める古典教育と文学的教養一般について、もう少し述べておきたいことがありますが、ここで話題を変えて、科学教育の有用性について、いやむしろその絶対的必要性について話を進めることにいたしましょう。と申しますのも、科学は、知的教育の水準を少しでも高めたいと願うすべての人々によって奨励されているからです。

科学が提供する知識は、それだけで十分に科学教育の有用性を自明なものにすることでしょう。われわれは、われわれの意志とは無関係な世界、つまり、さまざまな現象が一定の法則に従って生起している世界に生まれるのです。そしてわれわれは、その法則についてはまったく何も知ることなくこの世界にやってきたのです。このような世界に住むことをわれわれは運命づけられ、すべての活動はそのなかでなされなければならないのです。われわれが完全に活動しうるか否かは、世界についての諸法則の知識をもつか否かに、言い換えればわれわれがそれらを用いて働き、それらのなかで働き、それらに働きかけるそうしたさまざまな事物の性質について知っているか否かにかかっているのです。われわれがもつこのような知識の大部分は、それぞれの分野でこの知識の獲得を自分の一生の仕事としている少数の人々の恩恵によるものであり、事実そうなのです。他方、科学的真理についての基礎的な知識が一般の人々の間に行きわたらない限り、一般大衆は何が確実で何が確実でないかを、あるいは誰が権威をもって語りうるのか、誰がその資格をもちえないのかを決して知ることはないのです。そしてその結果、一般大衆は科学的証明に対してまったく信頼をおかなくなるか、大ぼら吹きや詐欺師に騙されてしまう愚か者になるか、そのどちらかになってしまうでしょう。一般大衆は無知ゆえに不信感をもつという状態と、盲目的でしかもほとんど見当違いの確信をもつという状態とをただ繰り返すことになるでしょう。他方、自分の眼前で起こっているありふれた物理的現象の原因について理解しようと思わない人が一体いるでしょうか。例えば、なぜポンプが水を汲み上げるのか、なぜ梃子が重いものを動かすのか、なぜ熱帯では暑く、南極・北極では寒いのか、なぜ月は暗くなったり、明るくなったりするのか、潮の干満が起こる原因は何であるか、ということを知りたいと思わない人がいるのでしょうか。このようなことについてまったく無知な人は、たとえある専門的な職業に熟達しているとしても教育のある人間ではなく、むしろ無教養な人間とみなされてもよいのではないでしょうか。宇宙についてのもっとも重要で、しかも誰もが興味を抱く事実に関する十分な知識をわれわれに与えることは、われわれを取り囲むこの世界が理解できないゆえにまったく面白くない一冊の封印された書物にしないためにも、確かに教育の重要な役割であります。

しかしながら、こうしたことは科学の有用性のもっとも単純明快な部分にすぎず、青年時代に教育を受けなかったとしても、あとで容易に取り返しがつくものなのです。これに対して、科学教育の価値は、人間本来の仕事に知性を適用させるための訓練あるいは鍛練過程にあると理解する方がはるかに重要なのです。事実はわれわれの知識の素材であり、他方、精神は知識を作り上げる道具です。そして事実を集積する方が、事実から何が証明されるかを、あるいは、すでに知っている事実から知りたいと思う事実に達するにはどうしたらいいのかを判断するよりずっと簡単なのです。

一生を通じて人間の知性がもっとも活発に働き続けるのは、真理を探究するときです。われわれは、絶えず、あるなんらかの事柄について何が本当に真実であるかを知る必要があります。われわれと同世代の人々すべてにとってだけではなく、今後の世代の人々にとっても光明となるような偉大な普遍的真理の発見は、もとよりわれわれすべてのなしうることではありません。しかし、一般教養教育が改善されれば、そのような発見をなしうる人の数は現在よりはるかに増大することでしょう。とにかく、われわれすべては、重要な真理として提示されていて相対立する見解について正しい判断を下せる能力を身につけなければなりません。例えば、宗教問題においてどんな教義を容認するかを決定する能力、トーリー党員であるべきか、ホイッグ党員であるべきか、それとも急進派であるべきか判断する能力、あるいはまた、ある党をいつまで支持すべきであるかを判断する能力、さらにまた、立法や国内政策の重大な問題に関して、わが国が植民地や諸外国に対していかなる態度をとるべきかに関して合理的な説得を行うことのできる能力を是非とも身につける必要があります。しかも、真理

真理発見のもっとも典型的な事例であり、実験科学が直接的観察による真理発見のもっとも典型的な事例です。これらすべてにおいて、科学的手順の信頼しうることがわかるその理由は、その手順に従って導かれた結論がその後の検証によって真実であることが証明されているからです。そこで、もしわれわれが、自然科学と同様の検証方法が容易に利用できないような場合に真理を識別しうる能力を身につけたいと望むなら、まず、数学と実験科学の研究に従事すべきでしょう。

ある人間の知性と他の人間の知性とを区別する根本的でもっとも特徴的な点は何でしょうか。それは証拠となるものを正しく判断できる能力です。われわれが真実を直接目にする範囲は非常に限られています。つまり、われわれが直覚、あるいは、昔ながらの用語を用いれば「単純理解(45)」によって知りうるものはきわめて限られており、したがって、価値ある知識を得ようとするならば、直覚以外の証拠に頼らざるをえないのです。ところが、われわれの大部分は現実の視覚に訴えられなければ、証拠となるものを確実に判断することがほとんどできません。そこで、ごく一般的に見受けられるこの欠陥、そしてほとんどすべての純粋に知的な弱点の根幹をなすこの欠陥を矯正するか緩和することこそが、知的教育のもっとも重要な部分となります。このことを効果的に実行するためには、最高度に完成された知的訓練方法が駆使しうるすべての工夫算段が必要となります。教師ならどなたでも御存知のように、それは次の三種類からなるにすぎません。すなわち、第一に模範《モデル》、第二に規則、第三に十分な実践、であります。証拠となるものを判断する技術の模範例を提供するのは科学であり、規則が提示されるのも科学においてです。そして科学的研究が実践の中核をなすものであります。

数学

まず最初に、数学を取り上げてみましょう(46)。推論を媒介として真理に到達する道が現にあるという事実、つまり、後になって検証されて真実であることが判明しようとも、とにかく実在するものが単なる精神活動によって把握されるという事実をわれわれが認識するのは、主に数学を通じてです。しかし、前提を確証せず、あるいは結論を観察によって確認せずに、論証だけで自然界の想定された事実に確実に到達しうると主張するスコラ学者たちの「推論」のはなはだしい濫用が、実は、近代の人々の精神、特にイギリス人の精神に、真理探求の一方法である演繹的推論に対する不信の念を植えつけました。数学が自然科学、つまり、外的自然の諸法則の発見にますます応用されるようになり、徐々に推論過程が「知識の源泉」という本来の地位を回復するに至るまで、その不信の念はその後長く続き、しかもベーコン卿の権威が誤解されて[47]、その傾向が助長される結果になりました。純粋数学と応用数学とが、依然として推論によって何がなされるかという問いに対する決定的な解答を与えています。また、数学を通じて、われわれは、推論が確実に行われるための基本的な注意事項のいくつかを習得することができます。幾何学の初歩を学ぶことによって、二つの計り知れないほど価値ある教訓が与えられます。一つは、まず最初に、推論がそこから出発するすべての前提を明瞭かつ明確な用語で規定することであります。もう一つは、推論における各々の段階を他のすべての段階と明確に分離し、次の段階に進む前に確実なものにしておく、つまり、推論の各々の展開部でどんな新しい前提を導入したかを明示することです。われわれが推論する際に、常にこうしたことを行わなければならないということではありません。しかし、われわれはいつでもそれらのことを行うことができ、しかも直ちに行えるようにしておかなければなりません。もしわれわれの論証の妥当性が否定された場合、あるいはわれわれ自身が論証に疑いをもつ場合、これらの二つの教訓がそのことを確かめる方法となります。この方法を適用することによって、われわれは、誤謬あるいは思考の混乱が入り込んだ場所を直ちに正確に突きとめられることがよくあるのです。そして十分な訓練を積めば、最初から、誤謬や混乱が推論に入ることを防ぐことができるようになります。

真理が相互連関した体系であるという考えをわれわれが最初にもつようになるのも、また数学を通じてのことです。真理とは個々の真理の相互関係から生じ、個々の真理が真理全体を含意しています。ある真理が他の真理と矛盾すればどんな真理も疑われることになり、したがって、真理体系全体が虚偽でないかぎり、その体系のどの部分も虚偽にはなりえないと思われるほどです。このような概念を最初にわれわれに授けてくれたのは純粋数学であります。そして、応用数学がこの概念を物質界の領域にまで敷衍させます。つまり、応用数学を通じて、われわれは抽象的な数や延長についての真理のみならず、われわれの感覚によって把握される宇宙の外的事象もまた、少なくともその本質的な部分においては、同様に相互に結合したいわば織物のようなものであるということを知るようになります。われわれは、物質的対象の示すさまざまな現象をいくつかの基本的な真理から推論することによって、説明、予測することができます。さらにそれ以上に注目すべきことは、基本的真理そのものも推論によって発見されたということです。と言いますのは、基本的真理は人間の知覚にとって明白なものではなく、人間が直接観察しうる範囲内の微細な事実の集積から数学的操作によって推理されたものです。ニュートンがこのような方法で太陽系の諸法則を発見したとき、彼は、それと同時に後世の人々のために「科学」の真の概念を創造したのです。ニュートンは、推論と観察とがわれわれの知りうるもっとも完全な形で統合されている実例を与えてくれました。つまり、直接観察されうる事実を媒体として他の数多くの事実を支配している法則、すなわち、われわれが見ているものを説明するだけではなく、われわれの目に見えない、観察によってでは決して発見されえないであろうものの多くについて――それは発見されてしまえば、結果によって常に検証されるもののではありますが——、前もってわれわれに確信を与えてくれる法則にまで達する推論と観察の統合過程の実例を与えてくれたのであります。

自然科学

数学及び数理科学は、推論による真理確認の典型的な実例をわれわれに提供してくれます。他方、数学的ではない自然科学、例えば、化学や純粋な実験物理学は、もっとも正確な形式の観察、すなわち、実験による真理獲得方法があることを同様に完全な形でわれわれに示してくれます。論理的なものの見方という点で数学が果たす重要な役割は、数学者たちが古くから取り上げてきた話題です。しかもその重要性が余りにも独断的に主張されてきた結果、かえってそれに反対する極端な意見すら出てくるほどです。その一例が、サー・ウィリアム・ハミルトンのあの有名な論文であります(48)。ところが、実験科学のもつ論理的価値ということは比較的最近の問題でありますが、実は実験科学によって与えられる知的訓練ほど重要なものは他にありません。実験科学の果たす役割は、われわれの誰もが一生涯従事していて、しかもそのほとんどの場合、うまく行われない事柄を、効率よく行う点にあります。

誰もが推論を好んで用いるのではありませんが、しかし人は誰でも経験から結論を引き出すと言い、また実際そうしようとします。しかし、自然科学を学んだことのない人は、ほとんど誰もが、経験が解釈される過程が実際どんなものであるかをまったく知らずに、経験から結論を引き出そうとします。もしある事実が一度または何度か起こり、別のある事実がそれに引き続いて起こったりしますと、人々はこれで一つの実験をしたと思い、一方の事実が他方の事実の原因であるという説明に向かいがちです。もし人々が、科学的実験には多くの細心の注意が必要であること、例えば、実験対象に関わりのない要素すべてを排除するために用意周到に随伴状況を設定して変更すること、あるいは、妨げとなる要素が除去できない場合にはその影響を正確に計算してそれを考慮に入れ、研究対象となっている要素そのものに起因するもの以外は何も含まないようにするということを知りさえすれば、つまり、これらのことに注意を向けさえするならば、自分たちの意見が経験的に証明されているとそうも簡単に確信しないでしょう[49]。同様に、誰もが口にするようなありふれた考えや一般化の多くも、当然そう思われているよりもはるかに確実性に乏しいと思われることでしょう。そこで、われわれはまず第一に、現在曖昧な論議の対象にすぎなくなっている事柄、つまり、どちらの側にもそれ相当の言い分があり、双方とも確信をもって主張するがお互いの意見は証拠によってではなく、むしろ自分のそのときの都合や先入観によって決定されるような事柄に関しては、真に経験的な知識による基礎固めをしておかなければなりません。

例えば、政治において、直接的な経験からは実践的価値を伴う政治的判断は決してなしえないということは、実験科学の研究の後、政治学の研究に足を踏み入れた人ならば誰でもよく知るところです。われわれがもつことのできる個々の特定の経験は、推論による結論を検証するに役立つにすぎないし、しかもその検証すら不十分なものです。政治を現実に動かしている力ならどれでもかまいません。さあ、何かその例を取り上げてみましょう。例えば、イギリス人に付与されている自由の諸権利、あるいは自由貿易はどうでしょう。もしわれわれがこれらの政治的力自体のなかに繁栄を生み出す傾向があることにまったく気づかないとしたならば、どうしてそれらのどれかの推論を記述、説明するための諸形式が提供されることになり、そのことによってわれわれは、いつのまにか誤謬が入り込むおそれのある箇所を監視し、あるいはよしんば誤謬がまぎれ込んだ場合でも、その場所を正確に指摘することができるようになります。たとえ私がここで、推論の理論はきわめて簡単で、原理や規則に関する完璧な知識を習得し、その上それらの運用にかなり熟達するようになることさえたいした時間はかからないと言ったとしても、それは何らかの知的探究に従事したいと思っている人が論理学の学習を省略してもよいという口実にはなりません。論理学は曖昧で混乱した思考を追い払ってくれます。われわれの無知を被い隠し、われわれがある問題を理解していないのにさも理解しているかのように思い込ませる霧を一掃してくれます。

方法を知らずして偉大な行為をなし、通常の思考手段の助けを借りず、しかも自分の結論に至った推論過程を他人に説明できず、したがって、その結論の正しさを他人に納得させることもできずに、もっとも深遠な真理を見抜くという「無口の巨人」がいるという噂話に迷わされてはなりません。賢明な行いをする耳の聴こえない人や口のきけない人がいるように、そのような人もいるかもしれませんが、たとえそうだとしても、語ることと聞くこととは決して欠くことのできない能力です。もし諸君が自分が正しく思考しているかどうかを知りたければ、自分の考えを言葉にしてみればよいでしょう。言葉にしようとするまさにその行為の過程で、自分が意識的であれ無意識的であれ、論理形式を用いていることに気づくでしょう。論理学は、われわれにわれわれが言わんとする意味を明確な命題に、そして推論を個々の発展段階に書き改めるように強要します。論理学は、その上に立って推論を進め、もしそれが誤りならば全過程が崩壊するような暗黙の仮定にわれわれの注意を向けさせます。論理学は、われわれに推論過程でどこまで立証すればよいのかを教え、したがって、暗黙の前提を真正面から直視させ、それにわれわれが忠実に従っていけるかどうかの決定をわれわれに迫ります。論理学は、われわれの個々の意見がそれ自体においても、また相互間においても、矛盾しないようにさせ、たとえ正確に思考させるところまではできなくとも、われわれに明晰に思考するように強制します。確かに、真理と同様に、誤謬もまた一貫性をもち、体系的でありうるでしょう。しかしこのようなことは一般的ではなど何もないのです。真理を探究し、真理を人類最高の目的に利用したいという高貴な情熱は、これらの古代の著述家たちすべてに滲透しています。プラトンに劣らず、アリストテレスもそうです。もちろん、そのような情熱を他の人々に鼓吹する能力という点で、プラトンに匹敵する人物は一人としておりませんでした。それゆえ、われわれは古代言語をわれわれのもちうる最良の文学教育として修得する際、それと同時に、倫理的・哲学的教養のための見事な基礎作業をも行っていることになります。

純粋に文学的な価値、すなわち、形式の完全性という点では古代の人々が卓越していることは論をまたないでしょう。古代の人々が試みた芸術の全分野にわたって、実際、彼らはそのほとんどすべての分野に手をつけておりましたが、彼らの作品は、彫刻の例でも明らかなように、もっとも偉大な近代の芸術家によってでさえ、なかば絶望的な気分の混じった賞讃の目で見上げられます。ギリシャ人の作品は近代の芸術家にとって彼ら自身の精進を導く天上の光として無限の価値をもつ模範でありました。歴史学、哲学、弁論術における同様、散文と韻文においても、例えば、叙事詩、叙情詩あるいは演劇において、彼らがきわめた頂上は大変高いものです。私は今、形式、探究心を刺激し訓練するという点で、アリストテレスの著述の多くがその理論を説明し、プラトンの著述がその実践を展開しているあの古代人の弁証法に匹敵するほど価値のあるものを、人間は現在に至るまで創造したことはありませんでした。[33] 実験による直接的検証が困難であるか、または不可能であるために、依然として論議の的になっており、しかもわれわれにとってきわめて重要な問題についての真理探究の方法を教訓と実例の双方で示しているという点で、どんな近代の著述もそれらのものには遠く及びません。あらゆることについて疑ってみること、どんなに困難であろうとも決して回避しないこと、思考のどんな誤謬もどんな矛盾もどんな混乱も決して不注意から看過せず、自分自身の説であろうと他人の説であろうと否定的批判による厳密な吟味なしでは一切容認しないこと、そして特に、一つの言葉を実際に使用する前にその言葉の意味を、一つの命題に同意する前にその命題の意味を明確に理解しておくこと。これらのことが、われわれが古代の弁証法論者から学び取る教訓であります。このように否定的要求を強力に前面に押し出しているにもかかわらず、それらの教訓には、真理の実在性を疑問視させる懐疑論や真理探究に対する無関心さを助長するものの判別方法を知る必要性は、今述べたような比較的重要な真理のみに限られるものでは決してありません。われわれのすべての関心事について真実を発見することが、われわれにとって一生を通じてもっとも急を要する仕事であります。

もしわれわれが農夫であるならば、真に土地を改良するものが何であるかを知りたいと思うでしょう。もし商人ならば、市場に真に影響を与える商品が何であるかを、もし裁判官、陪審員、あるいは弁護士であるならば、本当に不法な行為をしたのは誰であるか、あるいは、係争されている権利が本当は誰に帰属するのかを知りたいと思うでしょう。われわれは人生のなんらかの状況におかれて、今まで抱いてきた決心を改めるあるいは新たに決心する必要に迫られた場合、もしわれわれが自分自身の決心の拠り所となる事実について何も知らないならば、必ずや誤りを犯すことになるでしょう。

ところで、このような真理の探求は一見したところ種々様々あるように見えますが、また、それぞれの主題に応じて独自の真理探求があることも事実ではありますが、しかし真理に到達する方法と真理を検証する方法はどんな場合でもほとんど同一なのです。真理が発見される筋道は二通りしかありません。つまり、観察と推論です。もちろん、観察には実験も含まれます。われわれの誰もが観察をし推論をします。それゆえわれわれの誰もが、その成功には多少の差はでますが、真理を確認いたします。しかし、現実にはわれわれの大部分は観察や推論が大変下手であり、それらを上手に行う人々の手を借りることができなければ、真理の確認などおぼつかなくなってしまうでしょう。もしわれわれがこの観察と推論をまったく行うことができないならば、われわれはそれらを行うことのできる人々の掌中に握られた単なる道具になってしまうでしょう。また、彼らはわれわれを奴隷にしようと思えば、そうすることもできるのです。観察と推論の仕方を学ぶ最善の方法とは一体何でしょうか。それは、過去において観察と推論が真理発見の成功を修めた事例を示すことです。推論と観察という、真理が獲得されるこれら二つの過程がわれわれの知りうる最高度の完成の域にまで到達したのは、自然科学の領域においてです。古典文学がもっとも完成された表現形式をわれわれに与えているように、自然科学はもっとも完成された思考形式をわれわれに与えてくれます。数学と、天文学と自然哲学〔物理学〕へのその応用が、推論によるい問題です。基礎的な知識の教授は大学の関心事ではありません。学生は、大学に入る以前に、すでにその種の知識を習得しているものとみなされます。しかし、基礎的な教育がいつ終了し、より高度な学問がいつ始まるのでしょうか。基礎的な教育について幅広く考える人々もいます。そのような人々でさえ、ある特定分野の知識を初歩から教えることは大学の役割ではないと言うでしょう。彼らの考えでは、学生が大学で学ぶべきことは知識の体系化についてです。つまり、個々に独立している部分的な知識間の関係と、それらと全体との関係とを考察し、それまでいろいろなところで得た知識の領域に属する部分的な見解をつなぎ合わせ、いわば知識の全領域の地図を作りあげることです。さらに具体的に申しますと、すべての知識をいかに関連づけるか、ある分野から他の分野にいかに進めうるか、高度な知識は一般的な知識をいかに修正するか、また逆に、高度な知識を理解する上で、一般的な知識はいかに役立ちうるかを考察することです。つまり、現に実在しているものすべてが種々様々な特性からいかに構成されているかを考察することです。個別科学や個々の研究方法によってはそれらの特性のほんのわずかな部分しか明らかになりません。それらの全体が考慮に入れられると、われわれは実在するものを抽象としてではなく、「自然」の一事実として真に知ることができるのです。

一般教養教育とは、学生がすでに個別に学んできたことを包括的に見る見方と関係づける仕方を教えるとされていますが、その最終段階においては、諸科学の「体系化」、すなわち、人間の知性が既知のものから未知のものへと進むその進み方についての哲学的研究が含まれています。われわれは、人間精神が自然探究のために所有している手段についての概念を広範囲に適用することを学ばなければなりません。つまり世界に実在する諸事実をいかにして発見するか、それが真の発見であるか否かを何によって検証するかを学ばなければなりません。これこそ、まごうかたなき、一般教養教育の極致であり、完成なのです。

しかし、大学を教育のこのような最高機関として限定する前に、つまり、大学を知識ではなく知識の哲学を教える機関として限定する前に、知識そのものはほかの場所ですでに獲得されているということが確認されなければなりません。大学の役割について以上のような見解を抱く人々が、大学とは区別される学校でも、青年に必要とさを提供し、論理学はそれを理論化します。論理学は原理、規則、準則を告げ、数学と物理学はそれらの遵守を実地に示すのです。

論理の科学には、演繹的論理と帰納的論理の二部門があります。前者は、前提から推論を行う際、また後者は観察から結論を引き出す際に、正しい方向にわれわれを導いてくれる手助けをしてくれます。演繹的論理の方が帰納的論理よりもはるかに歴史は古いのです。と申しますのは、狭い意味での推理が帰納法よりやさしい手順で行われるということ、したがって、推理のみで行われる科学である純粋数学が、観察の諸科学がまだまったくの揺籃期の状態にあったときでさえ、もうすでに相当に高度な発達を遂げていたからです。したがって、演繹の諸原理はもっとも早くから理解され体系化されており、今日でさえ、演繹の論理の方が帰納の論理より教育の初期の段階に適しています。帰納の諸原理を正しく理解するためには、前もって帰納的諸科学をある程度研究しておかなければなりません。ところが、アリストテレスによってすでに完成の域近くまで高められた推理の論理の方はある程度の数学的知識ですら絶対に必要というわけではなく、日常茶飯事の事柄を例にとって説明することも十分可能です。

論理学について、あえてここで述べておきたいことは、演繹の論理、すなわち、名辞論、命題論と三段論法に限ってみても、知的教育の分野のなかでこれほど大きな価値をもつものは他にありませんが、またこれに代わって他のものがその代用を努めれば、そのこと以上に教育に支障を来たすこともありません。その効用が主に消極的側面にあるということは、その通りであります。その役割はわれわれに正しい進路を指示するというよりも、むしろ誤った方向に進むことを防止することにあります。しかし、知力を働かす場合、正しい方向に進むことは難しく、人はいとも簡単に道を踏み外します。どんな思考の逸脱に対しても絶えず怠りなく監視し続け、さらに、誤った方向に導く可能性のあるすべての脇道に注意を向けることをしなければ、どんなに活発な精神の持ち主でさえ道を踏み外さずにいられるということは絶対に不可能です。したがって、推論能力に関する人と人との相違は、どちらがより誤った方向に導かれる可能性が少ないか大きいかという点にあります(50)。

論理学は、真の前提から出発しながら虚偽の結論に至る可能性をもつあらゆる推論過程を指摘してくれます。また、論理学によって推論過程の分析が行われ、われわれの推論を記述、説明するための諸形式が提供されることになり、そのことによってわれわれは、いつのまにか誤謬が入り込むおそれのある箇所を監視し、あるいはよしんば誤謬がまぎれ込んだ場合でも、その場所を正確に指摘することができるようになります。たとえ私がここで、推論の理論はきわめて簡単で、原理や規則に関する完璧な知識を習得し、その上それらの運用にかなり熟達するようになることさえたいした時間はかからないと言ったとしても、それは何らかの知的探究に従事したいと思っている人が論理学の学習を省略してもよいという口実にはなりません。論理学は曖昧で混乱した思考を追い払ってくれます。われわれの無知を被い隠し、われわれがある問題を理解していないのにさも理解しているかのように思い込ませる霧を一掃してくれます。

方法を知らずして偉大な行為をなし、通常の思考手段の助けを借りず、しかも自分の結論に至った推論過程を他人に説明できず、したがって、その結論の正しさを他人に納得させることもできずに、もっとも深遠な真理を見抜くという「無口の巨人」がいるという噂話に迷わされてはなりません。賢明な行いをする耳の聴こえない人や口のきけない人がいるように、そのような人もいるかもしれませんが、たとえそうだとしても、語ることと聞くこととは決して欠くことのできない能力です。もし諸君が自分が正しく思考しているかどうかを知りたければ、自分の考えを言葉にしてみればよいでしょう。言葉にしようとするまさにその行為の過程で、自分が意識的であれ無意識的であれ、論理形式を用いていることに気づくでしょう。論理学は、われわれにわれわれが言わんとする意味を明確な命題に、そして推論を個々の発展段階に書き改めるように強要します。論理学は、その上に立って推論を進め、もしそれが誤りならば全過程が崩壊するような暗黙の仮定にわれわれの注意を向けさせます。論理学は、われわれに推論過程でどこまで立証すればよいのかを教え、したがって、暗黙の前提を真正面から直視させ、それにわれわれが忠実に従っていけるかどうかの決定をわれわれに迫ります。論理学は、われわれの個々の意見がそれ自体においても、また相互間においても、矛盾しないようにさせ、たとえ正確に思考させるところまではできなくとも、われわれに明晰に思考するように強制します。確かに、真理と同様に、誤謬もまた一貫性をもち、体系的でありうるでしょう。しかしこのようなことは一般的ではと主張するスコラ学者たちの「推論」のはなはだしい濫用が、実は、近代の人々の精神、特にイギリス人の精神に、真理探求の一方法である演繹的推論に対する不信の念を植えつけました。数学が自然科学、つまり、外的自然の諸法則の発見にますます応用されるようになり、徐々に推論過程が「知識の源泉」という本来の地位を回復するに至るまで、その不信の念はその後長く続き、しかもベーコン卿の権威が誤解されて、(47)その傾向が助長される結果になりました。純粋数学と応用数学とが、依然として推論によって何がなされるかという問いに対する決定的な解答を与えています。また、数学を通じて、われわれは、推論が確実に行われるための基本的な注意事項のいくつかを習得することができます。幾何学の初歩を学ぶことによって、二つの計り知れないほど価値ある教訓が与えられます。一つは、まず最初に、推論がそこから出発するすべての前提を明瞭かつ明確な用語で規定することであります。もう一つは、推論におけるる各々の段階を他のすべての段階と明確に分離し、次の段階に進む前に確実なものにしておく、つまり、推論の各々の展開部でどんな新しい前提を導入したかを明示することです。われわれが推論する際に、常にこうしたことを行わなければならないということではありません。しかし、われわれはいつでもそれらのことを行うことができ、しかも直ちに行えるようにしておかなければなりません。もしわれわれの論証の妥当性が否定された場合、あるいはわれわれ自身が論証に疑いをもつ場合、これらの二つの教訓がそのことを確かめる方法となります。この方法を適用することによって、われわれは、誤謬あるいは思考の混乱が入り込んだ場所を直ちに正確に突きとめられることがよくあるのです。そして十分な訓練を積めば、最初から、誤謬や混乱が推論に入ることを防ぐことができるようになります。

真理が相互連関した体系であるという考えをわれわれが最初にもつようになるのも、また数学を通じてのことです。真理とは個々の真理の相互関係から生じ、個々の真理が真理全体を含意しています。ある真理が他の真理と矛盾すればどんな真理も疑われることになり、したがって、真理体系全体が虚偽でないかぎり、その体系のどの部分も虚偽にはなりえないと思われるほどです。このような概念を最初にわれわれに授けてくれたのは純粋数学であります。そして、応用数学がこの概念を物質界の領域にまで敷衍させます。つまり、応用数学を通じて、われわれは抽象的な数や延長についての真理のみならず、われわれの感覚によって把握される宇宙の外的事象もまた、少なくともその本質的な部分においては、同様に相互に結合したいわば織物のようなものであるということを知るようになります。われわれは、物質的対象の示すさまざまな現象をいくつかの基本的な真理から推論することによって、説明、予測することができます。さらにそれ以上に注目すべきことは、基本的真理そのものも推論によって発見されたということです。と言いますのは、基本的真理は人間の知覚にとって明白なものではなく、人間が直接観察しうる範囲内の微細な事実の集積から数学的操作によって推理されたものです。ニュートンがこのような方法で太陽系の諸法則を発見したとき、彼は、それと同時に後世の人々のために「科学」の真の概念を創造したのです。ニュートンは、推論と観察とがわれわれの知りうるもっとも完全な形で統合されている実例を与えてくれました。つまり、直接観察されうる事実を媒体として他の数多くの事実を支配している法則、すなわち、われわれが見ているものを説明するだけではなく、われわれの目に見えない、観察によってでは決して発見されえないであろうもののの多くについて――それは発見されてしまえば、結果によって常に検証されるものではありますが——、前もってわれわれに確信を与えてくれる法則にまで達する推論と観察の統合過程の実例を与えてくれたのであります。

自然科学

数学及び数理科学は、推論による真理確認の典型的な実例をわれわれに提供してくれます。他方、数学的ではない自然科学、例えば、化学や純粋な実験物理学は、もっとも正確な形式の観察、すなわち、実験による真理獲得方法があることを同様に完全な形でわれわれに示してくれます。論理的なものの見方という点で数学が果たす重要な役割は、数学者たちが古くから取り上げてきた話題です。しかもその重要性が余りにも独断的に主張されてきた結果、かえってそれに反対する極端な意見すら出てくるほどです。その一例が、サー・ウィリアム・ハミルトンのあの有名な論文であります(48)。ところが、実験科学のもつ論理的価値ということは比較的最近の問題でありますが、実は実験科学によって与えられる知的訓練ほど重要なものは他にありません。実験科学の果たす役割は、われわれの誰もが一生涯従事していて、しかもそのほとんどの場合、うまく行われない事柄を、効率よく行う点にあります。

誰もが推論を好んで用いるのではありませんが、しかし人は誰でも経験から結論を引き出すと言い、また実際そうしようとします。しかし、自然科学を学んだことのない人は、ほとんど誰もが、経験が解釈される過程が実際どんなものであるかをまったく知らずに、経験から結論を引き出そうとします。もしある事実が一度または何度か起こり、別のある事実がそれに引き続いて起こったりしますと、人々はこれを一つの実験をしたと思い、一方の事実が他方の事実の原因であるという説明に向かいがちです。もし人々が、科学的実験には多くの細心の注意が必要であること、例えば、実験対象に関わりのない要素すべてを排除するために用意周到に随伴状況を設定して変更すること、あるいは、妨げとなる要素が除去できない場合にはその影響を正確に計算してそれを考慮に入れ、研究対象となっている要素そのものに起因するもの以外は何も含まないようにするということを知りさえすれば、つまり、これらのことに注意を向けさえするならば、自分たちの意見が経験的に証明されているとそうも簡単に確信しないでしょう(49)。同様に、誰もが口にするようなありふれた考えや一般化の多くも、当然そう思われているよりもはるかに確実性に乏しいと思われることでしょう。そこで、われわれはまず第一に、現在曖昧な論議の対象にすぎなくなっている事柄、つまり、どちらの側にもそれ相当の言い分があり、双方とも確信をもって主張するがお互いの意見は証拠によってではなく、むしろ自分のそのときの都合や先入観によって決定されるような事柄に関しては、真に経験的な知識による基礎固めをしておかなければなりません。

例えば、政治において、直接的な経験からは実践的価値を伴う政治的判断は決してなしえないということは、実験科学の研究の後、政治学の研究に足を踏み入れた人ならば誰でもよく知るところです。われわれがもつことのできる個々の特定の経験は、推論による結論を検証するに役立つにすぎないし、しかもその検証すら不十分なものです。政治を現実に動かしている力ならどれでもかまいません。さあ、何かその例を取り上げてみましょう。例えば、イギリス人に付与されている自由の諸権利、あるいは自由貿易はどうでしょう。もしわれわれがこれらの政治的力自体のなかに繁栄を生み出す傾向があることにまったく気づかないとしたならば、どうしてそれらのどれかが繁栄に寄与すると知りうるでしょうか。もし経験と呼ばれるもの以外に何の証拠もないならば、われわれが現に享受している繁栄は数多くの別の原因によるもので、自由の諸権利や自由貿易によって促進されるどころか、かえって阻害されると言われるかもしれません。真の政治科学はすべてものごとの諸傾向、つまり人間性についてのわれわれの一般的経験を通じて、あるいは、段階的進化とみなされている歴史過程の分析の結果から知られるさまざまな傾向性からの演繹であり、ある意味においてはア・プリオリなものであります。したがって、政治科学においては帰納と演繹の結合が必要となり、政治科学を研究する人はあらかじめ帰納と演繹の二つの思考方法を十分訓練していなければなりません。ともあれ、科学的実験は人がそれに慣れ親しめば、少なくとも、単なる表面的な経験によって暗示される結論に対して健全な懐疑を抱くようになるという有益な役割を果たします。

論理学

一方において数学を研究し、他方において数学を実験科学に応用することは、もっとも具体的な事実のなかで知性を練磨し、もっとも完全な成果をあげる模範をよく知ることになって、知性の重要な役割を果たすことができるようになります。しかし、ことの大小にかかわらず、実例や模範だけでは不十分で、さらに規則が必要となります。いかに話し言葉と書き言葉の正しい語法に精通しているとはいえ、文法的な規則が不必要になるわけではありません。また同様に、理論科学と実験科学との双方についていかに豊富な知識があっても、論理学の規則を無視するわけにはいきません。一生を通じて何度正しい推理を耳にし、巧みな実験を目にしたとしても、われわれはそれらの過程に細心の注意を払わない限り、単なる模倣で同様のことをなしうるようにはなりません。純粋に機械的な事柄よりも、このような抽象的な事柄における方が、はるかに下手な仕事を良い仕事であると見誤りやすいのです。その両者の区別を明確にするのが論理学の領域です。論理学は、真理探求の一般的諸原理と諸法則を規定します。すなわち、精神活動が正しく行われていたならば、本人に認識されようとされまいと、実際に守られていたに違いない諸条件を規定するのです。数学と物理学は、論理学が加わって初めて、知的に完全なものとなりうるのです。数学と物理学は実践論理学を学び、そして精神を絶えず働かせている人ならば、論理学のもたらす恩恵に気づかないはずはないと私は確信しています。もし論理学のなかに「演繹」のみならず「帰納」の原理および規則が含まれるならば――当然そうあるべきでありますが――論理学の有用性は一段と高い評価を受けるに違いありません。演繹的論理学の手助けで間違った演繹をせずにすむように、帰納的論理学のお陰で、さらにそれ以上に一般的な誤りである間違った概括化を犯さずにすみます。

ある一般命題から他の一般命題に論を進めていく際に容易に誤りを犯すような人は、自分自身の観察や他人による観察を解釈する場合には、さらにたやすく誤りを犯すものです。論理的訓練を受けていない人が、自分自身の経験から正しい一般的結論を引き出そうとするときほど、どうしようもない無能ぶりが明らさまになることはありません。また訓練を積んだ人々でさえ、その訓練がある特定な分野に限られ、帰納法の一般原理にまで及ばない場合には、彼らの推論を事実によってすぐに検証できる機会がない限り、誤りを犯します。有能な科学者たちも、まだ事実関係が確認されていないような問題にあえて取り組むときには、自分たちの実験データから、帰納法の理論に照らせばまったく根拠のないことが判明するような結論を平気で引き出したり、概括化を行ったりすることがよくあります。事実、練習だけでは、よしんばそれが適切な練習であっても、原理と規則がなければ不十分です。ベーコン卿は規則の必要性を痛感し、規則の真の性質を深く理解したという点で偉大な功績がありました。その理解には欠陥がありますが、それは帰納法的諸科学がまだまったくの初期の発達段階にあって、その方面に人間精神が最大限の努力をまだ傾注していなかった当時としては仕方のないことであります。[52] 帰納法に関するベーコン卿の理論は不十分なものであり、また実践が急速に理論を追い越してしまいましたが、やっとここ四、五十年前から理論面での著しい進歩が見られるようになりました。そしてその進歩は、実はスコットランドの諸大学を隆盛に導いた多くの著名な学者のなかでも特筆すべき二人、デュゴルド・スチュアート[53]とトマス・ブラウン[54]が与えた刺激によるところが大でありました。

生理学

以上が、比較的完成された体系をもつ諸科学と、それらの実践を通じて示唆された

ん。そのような記録の厖大な量とあまりにも断片的な性質については別にして、その最大の理由は、われわれが各時代の著述家から、比較的最近に至るまでの過去の時代精神について学ぼうとするとき、時代精神以外は学ぶべきものはないことがわかるからです。そのような著述家の書いたものは、若干の例外を除けば、それだけのために読む価値はほとんどありません。ところが、古代の偉大な著述家たちを研究する場合、われわれは単に古代精神を理解するだけではなく、今日のわれわれにとってさえ価値のある賢明な思想と考察とを貯えることができるのです。またそれと同時に、人間精神が今までに生み出してきた文学作品のなかでももっとも完成された作品、人間の生活条件は変わることがあっても、その永続的な文学的価値のゆえに将来に至るまで他に比肩されそうもない作品に親しめるようになるのです。

単なる一言語としてみても、その規則的かつ複雑な構造のゆえに、ギリシャ語とラテン語ほど知性の訓練にとって価値ある言語は近代ヨーロッパ言語には見当りません。ここでちょっと、文法とは何であるかを考えてみましょう。文法とは論理学のもっとも基本的な部分であり、思考過程の分析の第一段階であります。(27) 文法の原則、規則とは、言語形式を普遍的な思考形式に対応させるための手段です。いろいろな品詞間の区別、名詞の格の間の区別、動詞の法とその時制との区別、小辞の諸機能の区別は、単に言葉の上での区別だけではなく、思考上の区別でもあります。単一の名詞と動詞とは、各々、対象と事象とを表わし、それらの多くは感覚によって認識されます。一方、名詞と動詞を結合する様態は、対象と事象との関係を表わし、その関係は知性によってのみ認識されます。それぞれの異なる結合様態は個々の関係に対応するのであって、すべての文の構造は論理学の教材であります。文章構成法《シンタックス》のさまざまな規則に従って、われわれは、命題の主語と述語を区別し、また命題の行為主体と行為と行為客体を区別します。その規則に従って、どんな場合にある観念が他の観念を修飾または限定しようとするのか、あるいは単に結合しているにすぎないのか、どんな断言が定言的であり、どんな断言が仮言的にすぎないのか、文意が類似関係あるいは対照関係を表わそうとしているのか、複数の断言を連言的にあるいは選言的に構成しようとしているのか、また、文のどんな部分が、たとえ文法的にはそれだけで完結しているとしても、文全体によって表わされる断言の単なる一要素にすぎないのか、あるいはありません。自分の意見を形成する際に、当然承認しなければならない原理と帰結とを——さもなければ、自分の意見そのものを放棄せざるをえなくなるでしょう——はっきりと見定めることは、大変有益なことです。白日のもとで真理を探求すれば、われわれは真理の発見にさらに一歩近づくことができます。誤謬というものは、そこに含意されている一切の事柄にまで厳しく追究の手をのばすと、必ずある既知の公認されている事実と対立することになりますし、その結果、それが誤謬であることはほぼ確実に突きとめられることになります。

論理学は思考の手助けにはなりえないとか、いくら規則を覚えてもものの考え方は学べないと言う人々に諸君はしばしば出会うことでしょう。もちろん、訓練を積むことなく、単に規則だけを教えたのでは何事においても大した進歩は期待できません。しかし、もし思考の訓練が規則を教えることによってさらに一層効果的になるということがないならば、人間の行為のなかで規則を教えることによって効果が上がらないものはただ思考だけであると、私は断言して憚らないでしょう。人は鋸の挽き方を主に練習で身につけますが、しかしその作業の性質に基づく規則があります。もしその規則を教わらなければ、それを自分で発見するまでは上手に木を挽くことはできないでしょう。正しい方法と誤った方法がある場合には、両者の間には必ずなんらかの相違が生じるはずであり、またその相違がどんなものであるかを見つけ出すこともできるはずです。そしてその相違が一度見出され、言葉で表現されますと、それがその作業の規則ということになります。とかく規則を軽視したがる人がいるものですが、私はその人にこう尋ねてみたい。規則のあるものならどんな仕事でもよいから、それをその規則を知らずに覚えてごらんなさい、そしてそれがうまくいくかどうかをみて下さい、と。学校論理学(51)を軽視する人々にたいして、とにかく骨惜しみせずにそれを学んでごらんなさいと私は言いたい。ほんの数週間で学べますし、また、精神を明晰にし、暗闇のなかでとんでもない誤謬につまずくことがないようにしてくれるという点で、何の役にも立たないかどうかすぐにおわかりになることでしょう。初めから偏見をもって論理学をみたりせず、また前世紀の何人かの著名なイングランドやスコットランドの思想家たちがそうであったように、スコラ学者の、論理学のためというよりはむしろ推論方法そのものの過大評価に対する反動の影響を受けることなく、本当に知的能力の正しい使用のための規則とを教授することから得られる教育上の利益について、きわめて不完全な形ではありますが、概説であります。このような科学以外に未発達の状態にある科学もあります。そうした科学は、成熟した精神をもってして全能力を傾注しなければならないでしょうが、その初歩ぐらいは大学で修めた方が有益であり、それについて表面的にでも知っておくことは、その後さらにその研究を続けていくつもりのない人々にとっても、価値のあることだと思います。

そうした科学の第一のものは生理学です。すなわち有機的・動物的生命、とりわけ人体の構造・機能の諸法則に関する科学であります。このような難しい問題についての深い知識が、青年期に、あるいは一般教養の一科目として習得されるべきであると主張するのは馬鹿げたことでありましょう。しかしこの科学の主要な真理に関する知識は、特定の専門家だけの独占物にしておいてはならない類の学識の一つです。こういう知識が日常生活の上で重要な価値をもつということは、近年の公衆衛生に関する議論を通じて周知の事実になりました。(55) 公的地位についている人で、公衆衛生の問題に関して意見を述べることを求められたり、市民運動に参加するように求められたりしたことのない人はおそらくいないでしょう。真の健康状態と疾病の状態とを理解することの重要性、つまり、一度失ったならばどんなに根気よく時間をかけ費用をかけてもなかなか回復しないことが多い身体の健康状態を獲得・維持する方法を知ることの重要性を考慮すると、衛生学の基本的な知識と、さらに臨床医学のある程度の知識でさえ一般教養のなかで授けられるべきです。高度な知的教養を身につけようとする人々に対しては、生理学の研究をなお一層奨励すべきであり、それは、現在のように研究がより高度に進歩している状況においては、真に必要不可欠なものです。自然研究という場で行われる生理学の訓練と同種のものは他の自然科学によっては到底与えられないものであり、しかもその訓練は政治と社会に関わる困難な問題を取り扱う際に最善の導き手となります。

科学教育は、専門的対象の研究は別として、「人間」について、また人間のさまざまな要求と利害について、正しい判断をするための準備期間にほかなりません。ところが、特に「人類の真の研究」[56]と呼ばれてきたこの究極的研究に生理学があらゆる学問のなかでもっとも近く、それゆえもっともそれに寄与しうるのです。生理学の主題は、まさに「人間」なのです。複雑かつ多様な存在であり、その属性は環境からまったく独立しているのではなく、また楕円や双曲線あるいは硫黄や燐などのように時代が変わっても不変ではなく、むしろ無限に多様であり、故意や偶然によって絶えず変化を受け、きわめて微妙に互いに相異し、無数の仕方で相互に作用し合うために、人間は孤立させて個別的に観察することがほとんど不可能です。このような複雑な構造をもつ存在の研究がいかに困難であるかを、科学者のなかで生理学者のみが承知しています。精神的存在としての人間についてどんな見方をしようと、人間を構成する各部分は、それが他の何かに似ている以上に相互に酷似しているのです。有機的世界における自然研究は、道徳的・政治的現象の研究に伴う不利な条件と同様の条件の下で行われます。と言いますのは、両方とも実験手段の利用は非常に限られていますし、また事実が極度に複雑で、各々の結果を決定するのに働く要因の数が余りにも多いために、一般的推論から導き出された結論は非常に不確実なものになりがちであるからです。しかし、こうした障害があるにもかかわらず、生理学ではかなりの数の十分確証された重要な真理に到達することが可能になりました。したがって、生理学は他の分野で同種の困難を克服する手段を探求する際に、すぐれた手引きとなります。

無機的自然に関する科学には決して現われてはきませんが、道徳科学《モラル・サイエンス》と社会科学の領域ではもっとも重要な役割を演ずる概念に初めて出会うのも、また生理学においてです。例えば、刺激因とは区別される、素因とか素質因の概念がそれに当たります。あらゆる精神作用は素質の影響を非常に強く受けます。そこで、この要素を無視しては、歴史や社会のごく一般的な事柄でさえ説明がつかなくなります。生理学は、また習慣の影響、つまり、あることが以前に起こったことがあるということで再び起こりうる傾向性を認識した最初の科学です。さらにまた、「発展」とか「進化」という言葉によって意味される事柄についてもっとも明瞭な概念が得られるのも生理学からです。いちばん最初の胚から植物や動物が成長していく過程は、人間と社会の全歴史過程を通じて支配している現象、すなわち、内在的な力による構造の拡大と分化とを通じて機能を増大させてゆく現象の典型的な例であります。これ以上詳細にこの問題に立ち入ることはできませんが、もし諸君に自分自身でさらに深く考えるためのいわば萌芽となるようないくつかのきっかけを差し上げることができたなら、私としてはそれで満足です。高い学識を目指す人ならば、有機体と生命の科学の方法とその主要概念に精通するために費やされる時間は決して無駄にはならないということが納得していただけることでしょう。

心理学

生理学の上限は心理学あるいは心の哲学に接しています。そして「物質」と「精神」との境界に関する論争をあえてもちださなくとも、神経と脳とは非常に密接に精神作用と関係しているので、精神作用について研究する人は神経と脳について相当量の知識がなくてはなりません。心理学そのものの価値については、スコットランドの大学で詳しく説明する必要はないでしょう。なぜかと申しますと、ここスコットランドでは、心理学研究は常に輝かしい成果をあげてきているからです。ロック、バークリー以来、心理学の発展に対して英国が貢献してきたほとんどすべてのものは、つい最近まで、そして現在でもその大半は、スコットランドの学者や教授たちによってもたらされたものです。実際、心理学とは、人間性の諸法則についての知識にほかなりません。もし人間自身によって研究されるにふさわしいものがあるとするならば、それは自分自身の性質と同胞たちの性質であります。そして、それが少なくとも研究する価値があるならば、人間以外のすべてのものの根底にあってそれらを支配している根本法則に到達することを目指すことで、科学的に研究する価値があるものとなります。

この学科が一般教養に適しているか否かに関しては、あらかじめはっきりと区別しておかなければならないことがあります。われわれの思考と感情とを支配している法則のいくつかは実験に基づいて観察されます。そしてそれらは、一度把握されると、われわれが自分自身の心の中に意識していることと、われわれが互いに観察していることとを解釈する際の一つの手掛りとなります。例えば、観念連合の法則[58]がその一つです。心理学はそのような法則から成り立っている限り――私はここでは法則そのものについて語っているのであって、論議の多いその適用についてではありません――、化学と同じように実証的かつ確実な科学であり、科学として教えられるのにふさわしい学問であります。ところが、われわれが、以上のようなすでに容認されている真理の範囲を越えて、哲学のさまざまな学派の間で依然として論争されている問題に立ち入った場合はどうでしょう。例えば、高度な精神作用はどの程度まで観念連合によって説明がつくか、他の基本的な諸原理をどこまで認めなければならないか、精神的能力のなかのどれが単純なものでどれが複合的なものであるか、そしてこの複合的能力の構成要素は一体何であるかという類の問題。とりわけ、いみじくも「形而上学の大海」と言われた領域にまで乗り出して、例えば、時間・空間とはわれわれの無意識の印象のように現実に存在するものなのか、あるいはカントによって主張されているようなわれわれの感性的能力の形式なのか、あるいはまた観念連合によって作り出された複合観念であるのか、物質と精神はわれわれの心身の働きとの関係においてのみ存在する観念であるのか、あるいは独立して存在している事実なのか、もし後者であるならばその事実についてわれわれはどんな性質の知識をもつことができるのであるか、またその知識の限界はどこにあるのか、人間の意志は自由であるのか、それとも種々の原因によって決定されているのか、さらにこの二説の真の相違点は一体どこにあるのかという問題。つまり、もっとも思考力に富んだ人々やこのような問題に専念して研究してきた人々の間でさえもいまだに見解の一致を見るに至ってない問題に立ち入るならば、高度な思索を要求する領域に特に専念していないわれわれがこれらの問題の根底を究めようといかに努力しても、いかなる成果も期待しえないし、またそのような努力がなされるとも思われません。

しかしながら、かかる論争が実際にあることを知り、その論争の両陣営でどのようなことが主張されてきたかを概括的に知ることも一般教養教育の一部なのであります。人間の知性の成功と失敗、その完璧な成果とともにその挫折を知ることや、すでに完全に解決のついた問題とともに未解決な問題があることに気づくことも教育上有益です。多くの人々にとっては、このような論争の的となっている問題を概括的に見るだけで十分であるかもしれませんが、しかし教育制度というものは多数の人々のためにのみ存在するのではありません。それはまた、思想家として人の上に立つべき使命を担う人々の向上心を燃え立たせ、彼らの努力に手を貸す役割も果たさなければなりません。そして、このような人々を教育するためには、あの形而上学上の論争によって与えられる思考訓練ほど有効なものは他にほとんどありません。と言いますのも、そのような論争は本質的には証拠の判定についての問題だからです。つまり、信念の究極的基盤、われわれがもっともよく知っていてもっとも心の奥深くにある確信の根拠となる諸条件、さらにまた、われわれが幼児期以来あたかもすべて知っているかのように用い、しかも人間の言語の根底に位置するものであるにもかかわらず形而上学者以外は誰も完全に理解しようとは努めなかった言葉や言い回しの真の意味内容に関わる問題であるからです。形而上学的問題の研究の結果、どのような哲学的見解をもつようになるかは別として、そのような問題の論議を通じて人はものごとを理解しようとする意欲がさらに高まり、思考と言語の正確な使用をますます強く求めるようになって、証明がどんな性質であるかをより注意深く厳密に認識しようとします。あの「バークリー論争」(59)ほど知的能力を鋭敏にするものはいまだかつてありませんでした。

現在でも学生が読んでもっとも多くの利益を受けるものは、英語で書かれたものだけに限定いたしますなら、ホッブスとロック、リード(60)とスチュアート、ヒューム、ハートリ(61)とブラウンの著作——これらの人々の思想のなかには、もうすでに時代遅れになってしまった部分がかなりありますが——です。ただし、以上のような大思想家を信奉すべき師として受動的に読むのではなく、思索のための素材と刺激を提供するものとして積極的に読むという条件つきではありますが。次にわれわれの同時代の人々に目を向けるならば、哲学の二大学派の一方の著名な代表者であるサー・ウイリアム・ハミルトンと諸君の大学の教授であられた故フェリアー氏[62]の二人の著作と、もう一方の学派の雄でたぶん現代最大の権威と呼ばれうる隣のアバディーン大学の高名な教授であられますベイン氏[63]の著作を完全に理解した人は、もっとも困難な問題に適用されるもっとも徹底した哲学的研究方法の訓練をすでに積んだということであり、このことは、将来、解決が要求されるようなどんな学問上の難問に対しても十分対処しうる準備ができているということです。

四　道徳科学教育

倫理学と政治学

科学教育全般について手短にその概略を述べてきましたが、われわれにそれらを付与することが知的教育の目的のなかでももっとも重要なことである、もっとも広い意味での「倫理学」と「政治学」、つまり、道徳的・社会的存在としての人間の最大の関心事に関する思考の訓練を直接教えるということについては何一つ触れませんでした。これらは、現段階の人間の知識体系のなかでは一科学の対象として一般に承認されていません。政治学は、一冊の教科書、あるいは一人の教師から一度学べばそれで事足りるというものでは決してありません。この学問に関してわれわれが教えてもらわなければならない事柄そのものが、われわれ自身の教師となるべきものであります。政治学には、従うべき師はいません。各人が自分自身の力で探求し、独自の判断力を行使しなければなりません。「科学的政治学」とは、無差別にどこにでも適用される既成の結論を用意することではなく、科学的精神をもって思考を働かせ、各々の事実においてその特定の事例に適用しうる真理を発見することです。そして、現在のところ、このことを行うのにまったく同じ方法が用いられるということはめったにありません。ことにこの政治の問題に関する限り、確立された科学の権威に基づいてある見解を人に勧める資格は教育にはありません。しかし、教育は学生に自分自身で考えるための材料を提供し、その材料の利用の仕方を教えることはできます。また学生は教育によって、さまざまな観点からこの問題に関してなされた思索のなかでも特にすぐれたものを知ることができます。そのような思索でさえどれ一つとして完全とは思われませんが、しかしその各々は真に適切な、必ず参考にしなければならない考察を具体的に示してくれます。

歴史哲学

さらに教育を通じて、この問題に直接関係のある重要な事実、つまり、人類の歴史のなかで現われた文明のさまざまな類型あるいは発展段階とその各々の特徴を学ぶこともできます。これこそ大学で行われる歴史研究の真の目的です。古代史や現代史の重要な出来事については、学生は自発的に本を読んで知っておかなければなりません。そのような知識が欠けているからといって、大学でそれを補うことはとてもできません。歴史学の教授が教えなければならないことは、そのような事実がもつ意味についてなのです。彼の任務は、学生が歴史から、時代や場所による人間、あるいは社会制度の主な相違点を探し出すように仕向けることででの生活の営みや生活をどう考えたかを想像し、時代時代の発展のさまざまな段階歩するものとを区別して、進歩の要因と法則について考え始めるよう進ります。以上のようなことは、もっとも哲学的な研究者と言われる人々によえきわめて不完全にしか理解されておらず、しかも、一方的に教えられるような類のものでもありません。目的は、学生にそのようなことに注意を向けさせることにあります。つまり、単なる物語としての歴史ではなく、現に自分の目の前で繰り広げられつつあって自分自身と自分の子孫にとっても重大な結果を内に孕んでいる因果の連鎖としての歴史に興味を抱かせることにあります。それは、人類が幸福に至るか悲惨に陥るか、高邁な精神に至るか堕落に陥るか、といった一大叙事詩または劇的場面の展開としての歴史、善き力と悪しき力の絶え間ない闘争としての歴史です。その力の行為はどんな人間によってなされようとも出来事の一つを成します。その闘争は、正しき側に与しないものはすべて悪の側に加担することになるゆえに、影響力をもたない人といえどもそれに関わることから逃れられず、その関わりが大きかろうと小さかろうと、現実的な結果が見えようが見えなかろうが、われわれの誰もがそれに関与した責任を回避することができない闘争です。たとえ教育によって学生がこの戦いのための武器となる完全な政治哲学や歴史哲学を装備することがないとしても、市民としての義務に直接関係する積極的な教育を受けることができます。学生には自国の社会制度と政治制度の概略と、さらに一般的にならざるをえませんが、他の文明国のもっと進んだ制度の概略が教えられるべきです。

経済学

政治の各部門や社会現象の法則の各部門のなかでも、一科学を創始しうるに足りるほど十分に分類され体系化されている事実と概念が集積しているものは、[illegible]るべきであると思います。それらのなかでも特に重要なものは「経済[illegible]は人間の集合体に資する富と物質的繁栄の源泉と条件に関する学[illegible]を研究することは政治に関わりをもつ他のどんな部門より[illegible]地位に近づいています。ここでいう科学とは、われわれが自然科学を[illegible]学と呼ぶ場合に意味するものです。

経済学が生活を営む上で、また法律や制度を評価する上で役に立つ、貴重な教訓を与えてくれることや、あるいは、人為的な事象の流れを正しく見定めたり、現実に実行しうるような改善計画を立てるためには、経済学から学びうるすべての知識を身につける必要がある点については、ここで多言を費やす必要はないでしょう。論理学を誹謗する人々は大抵また、経済学など学ばない方がよいと諸君に警告するでしょう。そのような人々は、経済学には人間感情がないと言うでしょう。確かに、経済学は不愉快な事実を認めます。私に言わせれば、私の知る限りでもっとも非情なものは重力の法則です。それは、善良なもっとも愛すべき人であっても、もしほんの一瞬でも注意を怠ると、情け容赦なくその人の首をへし折ってしまいます。風や波もまん実に非情です。かと言って、諸君は、海へ乗り出していく人々に対して風や波など無視しなさいと忠告しますか。それとも、風や波を上手に利用してその危険から逃れる方法を見つけ出しなさいと忠告しますか。私が諸君に言いたいのは、経済学に関して立派な書物を書き著した人々について研究し、彼らの説のなかで諸君が正しいと考えることならそのすべてを堅持しなさいということであります。経済学を学んだところで、諸君が、もともと利己的あるいは冷酷でない限り、決して利己的で冷酷な人間になることはありません。

法律学

経済学に劣らず重要なのは、「法律学」の研究です。つまり、法の一般原理、法の果たすべき社会的役割、あらゆる法体系に共通な特徴とそれらの間の相違、良い立法のための必要条件、法体系の正しい構成法、最良の裁判所組織と最善の訴訟手続法などについての研究です。これらのことは、政府の主要な任務であるだけではなく、すべての市民の重大関心事でもあります。そしてそれらはまだ改良の余地が十分あり、人類の現状を改善するために献身しようという抱負をもち、しかもそれにふさわしい素養のある人が思う存分の力を発揮できる幅広い領域が残されています。この法律学の発展のためにもまた、現代の、あるいはごく最近の著述家たちの賞讃に値する貢献があります。その頂点に立っている人がベンタム(64)であります。彼こそ疑いもなく、法という問題を解明するために一生涯努力、献身した最大の学者です。しかも彼は専門家以外の人々からもよく理解されています。というのは、彼が常に用いる方法なのですが、問題の所在を日常的な事実のなかに探し求め、そこから問題を再構築し、そして目的と手段について十分注意深く考慮しながら、法とは一体何であり、そしてどうあるべきかを示し、それに引き替え法の現状がいかに嘆かわしいものであるかを対照的に明らかにしてくれるからです。

ベンタムの後に碩学の法学者たちが続き、二種類の貢献をしました。その代表的な例として、私は、それぞれ同等の賞讃に値する二つの著作を取り上げることにいたします。その一つは、オースティン氏[65]の『法律学講義』です。彼は法律学研究の基礎にローマ法を置きます。このローマ法こそは、歴史上で現実に運用された法体系のなかでもっとも精巧かつ整合的な体系であり、しかも教養ある人々の大多数が自らの行動を合致させようと努力してきた体系です。このローマ法のなかから、彼は一般的適応性をもちうる原理と分類とを選び出し、そしてきわめて正確な分析的能力と分析的方法を駆使して、その原理と分類に、単なる技術的な便宜に基づくものではなく、普遍的な人間理性に基づく哲学的根拠を与えるのです。他の一つは、メイン氏[66]の「古代法とその近代思想との関係」に関する論文です。そのなかで彼は、法の歴史を参照しながら、また人類の歴史の初期の頃の制度について知られていることを参考にしながら、現在に至るまで存続し、かつ近代の法律のなかにも思想のなかにも確固たる足場をもっている多くのものの起源を明らかにしています。彼によりますと、これらの多くは決して理性から由来したものではなく、未開社会の制度の遺物であり、そしてそれらは文明の進歩とともに多少の変化を蒙ってはいるが、その未開社会の制度そのものが生んだ子であり、その生みの親が死に絶えた後も長く生き残る思想の根強さによって維持されてきたものです。メイン氏によって切り開かれた道は他の人々に受け継がれ、旧来の思想が近代制度に与えている影響と旧来の制度が近代思想に与えている影響のさらに数多くの実例が示されてきました。例えば、両者の間の作用反作用の繰り返しが重大な事柄の多くをいわば「緩和された未開」の状態のままに保っていること、また、本性の命じるところのものとして、しかも生活に必要欠くべからざるものとして常に受け入れられてきたものが、そのすべてについて知ってみると、実はとっくの昔に否認され廃止された人為的な社会組織に由来していることなどが例証されてきました。

国際法

以上のような学問に、さらに国際法を付け加えたいと思います。国際法はすべての大学で教えられるべきであり、一般教養のなかの一科目になるべきであると私は固く信じています。この学問は、外交官や法律家だけにのみ必要とされるのでは決してなく、市民すべてにとっても必要なものであります。いわゆる「万民法[67]」と言われているものは、本来法律ではなく、倫理の一部であります。つまり、文明国で権威あるものとして承認されている一連の道徳的規則に他なりません。確かに、こうした規則は永遠に従う義務はありませんし、またそうあるべきではなく、国民の良心がますます啓発され、社会の政治的要求が変化するに従って時代とともに多かれ少なかれ変化しますし、また変化しなければならないものです。ところが、その規則の大部分は、その起源においては誠実と仁愛という道徳的原則が国家間の交渉に適用されたその結果であり、また現在でもそうであります。つまり、この規則は、戦争が生み出す犯罪を減少させ苦痛を軽減させるために、また平和時においては政府間あるいは国家間で互いに不正背信行為をし合うのを抑止するために、人類の道徳感情あるいは共通利益の認識から導入されたものです。各々の国は世界の他の国々と種々様々な関係にあり、多くの国々は——我が国もそのなかの一つですが——ある国に対して現実に権力を行使しています。それゆえ、国際的道義の確立された規則に関する知識は、すべての国にとって、したがって、国を構成し、その発言と感情とがいわゆる世論の一部を形成する個人個人にとっても、自らの義務を果たすための必要欠くべからざるものです。自分がまったく関与しなければ、また何の意見ももたなければ害になるはずがないという錯覚で自己の良心をなだめることはやめましょう。悪人が自分の目的を遂げるのに、善人が袖手傍観していてくれるほど好都合なことはないのです。自分の代理人によって、しかも自分が提供した手段が用いられて悪事が行われているにもかかわらず、そんなことに心を煩わしたくないという理由で、何の抗議もせず、黙認するような人間は善人ではありません。一国の行為が、国内的にも対外的にも、利己的で背徳的で圧制的であるか、それとも合理的かつ啓発的で公正にして高貴であるかは、公的な業務に絶えず注意を払いその細部にまで目を配る習慣がその社会にあるかどうか、またその社会がそうした業務に関する知識と確実な判断力とをどの程度持ち合わせているかによることでしょう。

五　道徳教育と宗教教育

今まで述べてきたこのような高度な学問については、学校や大学ではほとんど入門程度のことしか教えられませんが、しかしその程度だけでも十分価値があります。と言いますのは、このことによって学問に対する興味が喚起され、最初の障害がまず克服されます。次に、精神が学問研究に要求するそうした努力に慣れ、さらにより以上の進歩を遂げようとする気持が植えつけられます。そして、学生たちに彼らが今後とるべき最良の道と最善の生活手段が何であるかが示されます。知識のこれらの分野が修得されれば、それは、取りも直さず、自己の責務と一生の仕事が一体何であるかを知ったこと、あるいは知る術を得たことになります。しかし、知識を与えるだけでは、教育の任務はいまだ半分しか果たされていません。知ったことを自ら進んで、かつ確固たる意志をもって実行に移すそのための教育がまだ残っています。そうではありますが、実は、真理を知ることは、真理に基づいて行動しようとする気持を抱かせるいわば早道なのであります。明確に把握したことや明敏に会得したことを実行に移したいという欲求は、誰しもが当然抱くものです。「知識においてもっともすぐれているものが、実行においてはもっとも劣る」ということもないことはありませんが、それは普通の精神状態とは言えないでしょう。不正なことをする人は、一般的に言って、まず正しいことに故意に目をつぶろうとする人です。そのような人は自己の良心に猿ぐつわをはめているのであって、知りながら良心に背いているわけではありません。人生の選択の誤りから悪の道に足を踏み入れるにまだ至っていない普通の若者たちを見てみますと、彼らは、善いこと正しいことかつすべての人の利益になることを望んでいることがわかります。もしこの時期を適切に利用して、詭弁のためではなく、常に正確な判断を下せるような知識を植えつけて訓練を与えるならば、利己主義と虚偽の侵入を食い止める強固な防壁が築かれたことになるでしょう。しかしそれでもなお、知能のみを訓練して意志を訓練しない教育ははなはだ不完全な教育であると言わざるをえないでしょう。

誰にとっても、自己の知的側面に対する教育と同様に、特に道徳的側面に向けられる教育は絶対に必要なものです。そのような教育を直接行おうとすれば、道徳教育か宗教教育のいずれかになるでしょう。そしてこの両者は別個のものとして扱うこともできますし、また同一物の異なった側面とみることもできます。ところで、今われわれが考慮の対象にしているものは教育全般ではなく学校教育であり、しかも学校や大学がなしうることには必ず限界があることを常に銘記しておかなければなりません。道徳教育と宗教教育は、学校、大学の管轄外のことです。道徳教育と宗教教育は、情操と生活習慣とを育てる訓練であり、主に公的教育の範囲外にあって、その統制力の及ばないものであります。心から受け入れられる道徳教育や宗教教育を与えてくれるのは、家庭であり家族であります。そしてこの家庭で受けた教育は、社会生活を経て、つまり身の回りで流布している考え方や感じ方の影響を受けて完了します。その結果、その教育はときには改善されることもありますが、往々にして改悪される場合の方が多いのです。大学が道徳的あるいは宗教的影響を学生に及ぼすことができるとするならば、それは特定な教育によるのではなく、大学全体にみなぎっている気風によるのです。大学でどんな学科が教えられようとも、それは義務感が滲透した教育でなければなりません。大学は、すべての知識を人生を価値あるものにする主要な手段として与えねばなりません。すなわち、われわれ各人が人類のために実際に役立つ人間になることと、人類そのものの品性を高める、つまり人間性を高貴にすることという二重の目的を達成するために与えねばなりません。高貴な心情ほど教師から学生へと容易に感染していくものはありません。今までにも、多くの学生たちは、一教授の強い影響を受けて、卑俗で利己的な目的を軽蔑し、この世界を自分が生まれたときよりも少しでも良いものにしてこの世を去りたいという高貴な大望を抱くようになり、そしてそのような気持を生涯持ち続けたのであります。それゆえ、この点に関して、人間同士の交際や、あるいは何らかの立場で相手を説得する場合には、自分の能力と機会とを最大限に利用しなければならないと誰もが感ずることを効果的になしうる固有の手段を、教師であればごく自然にもっていることになります。

　このような道徳と宗教の問題に関して大学側が特になすべきことは、大学のその他の役割と同様に、主に知的分野に属する事柄です。大学は、人類が蓄積してきた思想の宝庫を、事情の許す限り次の世代へと最大限に開放するという目的のために存在しているのです。そこで、道徳や宗教の重要な問題に関して、人類全体もしくはそれぞれの国が、あるいは最善にしてもっとも賢明な個人が考えてきたことを伝えることも、大学の欠くべからざる重要な役割の一部にならなければなりません。大学には道徳哲学の専門的な講義があるべきであり、また現にほとんどの大学にはそれがあります。しかし、私は、この講義が従来のものと少し違った形式のものであってほしいと思っております。できることなら、その講義は論争的にならずに、かつまた独断に陥ることなく、もっと解説的であってほしいのです。学生に今日まで人類に実際に影響を与え続けてきた道徳哲学の主要な体系についての知識を授けるべきですし、また学生は各々の体系を支持する人々の意見に耳を傾けるべきです。その主要な体系とは、アリストテレス学派、エピクロス学派、ストア学派、ユダヤ教、キリスト教などの倫理体系のことです。ただし、キリスト教はその解釈の違いからいろいろな教派に分れ、各教派の間には、古代ギリシャの各学派との間の相違と同じ程度の相違があります。また、学生は倫理の基礎として採用されてきた種々の善悪の基準、例えば、一般的功利性[68]、自然的正義[69]、自然権[70]、道徳感覚[71]、実践理性の原理[72]などについて知るべきです。これらのことを教える際、特に教師のなすべきことは、一つの倫理体系の側に立ったり、他の体系すべてを排撃してその体系のみを強く擁護することではなく、むしろ、それらすべての体系を人類にもっとも有益な行為規則の確立と保持に役立てる努力をすることであります。

そのような倫理体系のなかで、長所のないものは一つもありません。他の体系の信奉者によって学び取られるものがないものは一つもありません。また、ある体系の支柱になっていて、他の体系でそれが無視されたり過小評価される場合、その体系の著しい欠点となるような重要な真理が、必ずしも常に明瞭であるとは言えないが、鋭い直感によって示唆されていないものは一つもありません。全体としては誤っているかもしれない体系ですら、そのなかで示唆されている部分的な真理に人類の関心を向けさせる力が十分ある限り、それは依然として価値があります。倫理学の教師は、他の体系のなかでより明確に認識され、より重要なものとなっている真理をすべて考慮に入れることによって、各々の体系が自らの根底を揺るがすことなくいかに強化されうるかという可能性を指摘するならば、自己の任務を立派に果たしていることになります。とは申しましても、教師はまったく懐疑的な折衷主義を学生に奨励すべきであるなどと言うつもりはありません。教師が、各体系の最良の側面にできる限り焦点を合わせ、それらすべての体系から倫理学の本質と矛盾しないもっとも有益な結論を導き出そうと努める限り、それらのなかのどれか一つを優先させ、しかも自己の論法を駆使して強く主張したとしても、私はそれを押し止めようとは決して思いません。理論的には誤っている体系でも、ときとして正しい理論の完全性にとって欠くことのできない特殊な真理を含む場合もあります。無論、それらの体系がすべて真であるということはありえませんが。しかしながら、特にこの道徳の問題に関しては、先に取り上げた問題にもまして、自らの判断を学生に押しつけることなく、むしろ学生の判断を助長し陶冶することが教師の重要な任務となります。

そしてまさにこの指針こそ、われわれがそれに忠実に従うならば、教育と宗教との関係という大問題に関わるときにわれわれが入り込む相対立する思想の迷路から抜け出られるように導いてくれるものであります。すでに述べましたように、真に効果的な宗教教育は、両親の手による教育、つまり家庭のなかで幼年時代になされる教育のみです。社会教育と公的教育は、社会あるいは学校全体にみなぎっている敬虔的な態度や義務感を通じて宗教教育を与えることができますが、それ以外に与えうるものと言えば、知識ぐらいでありましょう。ところが、この知識がきわめて重要なのです。宗教は大学やパブリック・スクールで教えられるべきであるか否かという、一世代前から今日に至るまで激しく論戦されてきた問題にここで立ち入るつもりはありません。と申しますのは、宗教ほど人々の意見が幅広く食い違う問題は他にないと思われるからです。私には、この論争のどちらの側に立つ人々も、教育とは教師が真であると思うことを権威に基づいて独断的に植えつけることであるという古い教育観から精神がまだ十分に解放されていないように思えます。宗教に関わる問題を考慮する上でもっとも重要な知識を学生に提供することがなぜできないのでしょうか。教会ないし教派の教理を独断的に教えることをせずに、国民思想や先人たちの知的労作のなかでも特に重要である宗教に関する部分について知識を与えることができないのでしょうか。キリスト教は歴史的な宗教ですので、大学にもっともふさわしい講座は、教会史の研究です(73)。もし教えるということが、科学的確実性[illegible]われる宗教に関してでさえ、結果そのものを教えることだけではなく、その結果に到[illegible]事柄の過程を示すことを目的としているならば、同等の能力を持ち、真理に到達に同等の努力を払ってきた人々の間にでさえ極端な意見の相違がある問題に関しなおのことそうすべきです。意見の相違があるということが、おのずと良心的な教[illegible]に、自分には自らの意見を権威的に若者の精神に押しつける権利などないのだということを痛感させる一種の警告になるはずです。授業は独断的な態度ではなく、探究の精神をもって行われるべきです。学生に対して、彼が信ずる宗教が前もってすでに決定されていたかのように語るのではなく、将来自分の意志で宗教を選ばなければならない人に対するように語らなければなりません。

国教会も他のいろいろな教会も、それぞれ独自の任務、つまり自分たちの教理を自らの教会に属する若者たちに必要な限り植えつける任務は十分果たしております。ところが、大学本来の任務はこれとはまったく別のものなのです。大学の任務は、われわれの信ずべきことを権威的に指示し、信仰を義務と認めさせることではなく、知識と訓練を授け、われわれが自己の信仰を形成するのを助けることであります。そしてこのことは、万難を排して真理を探求し、すべての難問について各々の最善の解決方法を発見または識別する能力を備えるために、物事を知ろうとする賢明な人間に適した方法で行われなければなりません。このような問題がいかに重要であるかは、どの信仰を選ぶかによってわれわれの人生そのものが変化してしまうという重大な事実によって納得できるでしょう。そしてこれが、われわれは、判断が証拠を無視して形成された場合にはそれを信頼してはならないこと、またある特定な教師もしくは教師の団体が彼らが正しい学説とみなすものや確かな論証であると判断したものだけを伝え彼らが認めないものは一切伝えないような一面的な授業などに縛られるべきでないということの最大の理由です。

とは言うものの、思想と学問の自由を抑圧するような大学は到底大や主たちは、いとまでは、私は断言し切れません。なぜなら、もっとも自由な往々にしてもっとも強制的な授業を行う神学校で教育されているからです。偉大なキリスト教改革者たち[74]はローマ・カトリックの大学で教育を受けていますし、フランスの懐疑主義哲学者[75]の多くもイエズス会の神学校で教育されているのです。人間の心というものは、一定方向に強引にしかも露骨に引っぱられるとかえって逆に一層激しく正反対の方向に駆り立てられることがあります。しかしながら、このようなこと、つまり、過度の悪を与えることによって仮に人々を善に駆り立てることができるとしても、それは大学の任務ではありません。大学は自由な思索の場になるべきです。大学がその本来の義務をすべての面で忠実につくせばつくすほど、ますます確実にそうなっていきます。イングランドの伝統ある二大学〔オックスフォードとケンブリッジ〕は、現在、全教科課程のなかの一般教養科目を教えることにかけては、われわれの知る限りどの時代よりも立派な業績を挙げています。そしてその結果、かつては独白の思考を抑圧し、個人の知性と良心を束縛するためにのみ存在していたかのような観があったこの両大学が、今やトゥイード川以南〔イングランド〕の教養ある人々や知的専門職の人々にとって自由なしかも活発な学問研究の中心地になっています。この歴史ある二大学の指導的立場にある人々は、知性の自由に対して敵対的な態度をとることは、取りも直さず、知性を指導するという自分たち自身の至上の特権を放棄することになるということをついに悟るに至ったのです。[76]

　専門分野全般にわたる権威に対して少なくとも一時期適度な敬意を抱くことは、まだ十分に陶冶されていない若者には大切なことです。しかし、そのような権威がない場合、つまり、専門領域があまりにも細分化してばらばらになり、ある程度の権威を誇っていても、全領域にわたって権威を主張しうるような見解がまったくないような場合には、自己の精神を自由に働かす人ならば、最初の自分の意見を変更せざるをえない理由を見出すことが十分ありうるでしょう。そういう場合、諸君は常に万難を排して精神を開いた状態にし、諸君の思想の自由を売り渡してはなりません。諸君のなかで将来僧職につく予定の人々は、当然、たくさんの教義に縛られることになります。もしもそれらの教義すべてが信じられないようになったならば、良心に反して教えなければならないような地位に留まる理由はなくなります。しかし諸君自身の尽力によってそのような教義の数をできるだけ少なくすることはできるでしょう。何かの見返りのために信念に反した行動をあくまでとり続けたり、反対論に対して耳をふさいだり、あるいは反対論が心の中に侵入して自分の信念がすでに揺らいでいるにもかかわらず、依然として確固たる揺るぎない信仰をもっていると称することは、正しいことではありません。また、自己の宗教上の見解を変更したことを正直に告白する人々が、その正直さゆえに、国民の精神を教化する上で適任でありうる役職を拒まれるということも正しいことではありません。

時代の流れは、古き時代の国境のどちらの側〔イングランドとスコットランド〕においても教理の規定を緩和し、信仰箇条の解釈を以前より寛大にする方向へと向かっています。確かに、このような状況は、正統な信仰の領域がどこまでであるかを不明確にし、したがって、各人がそれぞれ自分自身でその境界線を定めなくてはならなくなり、かえって人々に良心の当惑を覚えさせる結果になっています。しかしながら、国教会の教条や信仰箇条を、一般的に承認されている解釈であろうとなかろうと、とにかく自己の良心に忠実に従った意味あるいは解釈で受け入れることができる限り、国教会の内部に踏み留まろうと決心している牧師たちを私は全面的に支持いたします。もしも聖餐式の条件を広く自由に解釈する人々あるいはそうしたいと願っている人々すべてが、万が一、教会から立ち去ってしまったならば、宗教教育と礼拝のための公的機関は、教理の規定をもっとも狭い意味で、つまり字義通り原文通りに受け入れる人々に全部委ねられることになるでしょう。このような人々は必ずしも狂信家であるとは限りませんが、しかし狂信家を自分たちの味方につけるという非常に不利な立場に置かれることになり、また彼らがいかにすぐれた長所をもっていようと――事実、しばしばそうではありますが――、教会が改善される可能性がある場合、自ら率先してそれを実行する人のようには思われません。

以上のことを鑑みて、このような宗教の事柄について何らかの忠告を申し上げても僭越に当らないとすれば、私は諸君にこう申し上げたい。「良心に恥じることなく教会内に留まっていられる方々には、是非教会に留まりなさい」。教会は外部から改善するより内部から改善する方がずっと容易です。著名な宗教改革者の大半はもともと聖職者でありました。しかし彼らは、聖職者としての自分の職業が改革者であるということと何ら相反するとは思いませんでした。彼らのほとんどが自分の生まれ育った教会の外でその生涯を終えたのは事実ですが、しかしそれは、教会にとって不幸なことに、教会が彼らを追放したからに他なりません。彼ら自身は、教会から離脱することが彼らのなすべきことだとは考えていませんでした。彼らは自分たちの方こそ、自分たちを追放した人々よりも、教会内に留まる正当な権利があると思っていたのです。

六　美学・芸術教育

以上で、学校および大学の制度が促進すべきものであるとみなされている二種類の教育、知的教育と道徳的教育、つまり、知識と知的能力の訓練、良心と道徳的能力の訓練について言うべきことはすべて言い尽しました。「知識と知的能力」と「良心と道徳的能力」は、人間がもちうる教養の二つの主要な構成要素でありますが、しかしこの二つが教養のすべてであるというわけではありません。さらに、第三の分野がありますこの分野は前の二つの分野を補助し、これらの分野ほど主たりえませんが、質的にはほとんど劣るところがなく、人間性の完成にとってそれらと同様になくてはならないものです。すなわち、それは「美」の分野であります。詩と芸術の体験を通じて得られるもので、感情の陶冶、美的なものの育成と言いうる教養です。この分野は、ここスコットランドあるいはイングランドで通常受け取られている以上にもっと重要視されるべき価値のあるものです。

英国で「芸術」(Art)という語が単独で用いられるようになり、「科学」「政治」「宗教」と同様に「芸術」について何かが語られるようになったのはごく最近で、それも外国人がそうするからそれを模倣したというだけの話です。もちろん、芸術、特に「美術」(Fine Arts)について語る慣わしは以前からあります。そして「美術」というとき、一般には二つの芸術形式、絵画と彫刻のことでした。ところが、この二つのものは、われわれ英国人がもっとも関心を示さなかったものであり、特に教養ある人々でさえも、室内装飾の一部、いわば一種の優雅な装飾品ぐらいにしか思っていなかったものです。この「美術」(Fine Arts)という言葉そのものが、軽薄なこと、どちらかと言えばくだらない対象に大げさな労力を費やすという考えを連想させました。つまり、小ぎれいな品物を作り出す安っぽいありふれた技術と違って美術はもっと難しい技巧を用い、気取った連中が愛好して話題にすることで得意がるものであると思われていました。

このような評価は、そっくりそのまま当てはまるとは言えませんが、かなりの程度まで詩に対しても与えられてきました。詩は芸術の女王と呼ばれていますが、英国では、芸術の一つとすらほとんどみなされてきませんでした[77]。それは詩が軽視されてきたからであると言うのは、実は正確な言い方ではありません。われわれ英国人はシェイクスピアやミルトンを誇りにしています。少なくとも英国史の一時代、つまりあのアン女王時代には、詩人であるということが文学者としてきわめて栄誉あることでした。しかし、詩は単なる娯楽または刺激とみなされ、それ以外の重要な価値をもつものとして真剣に評価されることはめったにありませんでした。詩が他の芸術より高い地位を与えられていたのは、主に詩が比較的高尚な精神の持ち主のものであったからにほかなりません。「もし私が我が国民の歌を作ることが許されるならば[78]、誰が国の法を作ろうとも構わない」とまで言ったソルトゥーンのフレッチャーのかの有名な言葉に耳を傾けるならば、人間の心に働きかけるこの偉大な手段がいかに過小評価されてきたかが了解できるはずです。例えば、「ルール・ブリタニア」[79]や「スコッツ・ワ・ヘィ」[80]に人格形成に与える永続的影響力がまったくないとは誰も思わないことでしょう。歌は決して詩の最高の形式ではありませんが、トマス・ムーア[81]の歌のあるものは、ヘンリー・グラタン[82]のどんな演説よりも、アイルランドにとって多くのものをもたらしました。

他の国民の芸術についての考え方、感じ方は、平均的なイギリス人にとっては理解しがたいばかりか、とても信じがたいことでありました。他の国では芸術は、少なくとも理論的には、文明を作り出す諸因子や人間的な価値を形成する諸要素のなかでも、高等な学問や研究や科学的知識とまったく同等に位置するものとみなされています。また、絵画や彫刻でさえも大きな社会的影響力をもつものとして扱われ、一国の芸術がその国民性と国柄を象徴的に表わすものと考えられ、その国の宗教や政治形態とほとんど同等に重要視されています。イギリス人がこのような見方に驚きもしなければ、当惑もしなかったのは、それが余りにも奇異に思えてまったく理解できなかったか、あるいは、実際そんなことがありうるとは信じられなかったからであります。そしてこの点に関して、イギリス人とフランス人、ドイツ人およびヨーロッパ大陸の他の国民との間の感じ方の根本的な相違が、イングランドとヨーロッパ諸国の相互理解の甚だしい欠如の原因になっています。ヨーロッパ大陸の諸国の間では、このような相互無理解はありません。

このことはおそらく、スチュアート朝時代以降、英国人の国民性形成に主要な影響を及ぼしてきた二つの要因、つまり商業の面での金儲け主義と宗教の面での清教主義に由来するものと言ってよいでしょう。金儲けは全能力を傾注して行われなければならないものであり、義務感から行われるにせよ獲得欲から行われるにせよ、その目的に直接寄与しない行動はすべて時間の浪費とみなされます。清教主義は、神に対する畏敬と崇敬の念以外の他のすべての人間的感情を罪悪の性質を帯びたものとまでは考えませんが、罪悪に陥る一種の罠とみなし、したがって情操の陶冶を非難しないまでも冷淡視したのであります。ヨーロッパ大陸の諸国では、原因が異なっていたため、異なった結果が生じました。ヨーロッパ諸国の人々のなかには、現在でも一般的には徳と善とは大半情操の問題であると考える人が多々見受けられますが、われわれ英国人にとっては、徳と善はほとんど義務以外の何ものでもありません。したがって、道徳の点でわれわれが他の国々をしのいで今日まで保ち続けてきた長所は、われわれの方が他国民よりも敏感な良心をもっているという点でした。しかしこれとてどうも失ってしまうのではないかという気もいたしますが。とにかく、全般的に見てこの点にわれわれの真の優位が保たれていたのです。しかしながら、この優位は原理的には否定的に作用するものであります。と言いますのは、良心は大部分の人々にとって主として抑制の方向に働く力、言い換えますと、われわれの欲望や感情の進路に一般的な指示を与えることよりも、むしろわれわれが大きな悪事に手を染めることを思い止まらせる力であるからです。人間のもついろいろな性格のなかでもごく一般的なものの一つは、自己中心的な野心しかもたない人間の性格です。このような人間にとっては、自分自身と自分の家族が裕福になることあるいは出世することが人生最高の目的です。そのような人々は、同胞あるいは自国の福祉を日々の目的とすることなど夢にも考えず、せいぜい毎年あるいは時折いくらかの慈善金を出すくらいが関の山です。しかしそういう人々も、一般に悪と考えられている事柄に対しては本当に敏感な良心をもっていて、利己的な目的を達成させるために不正な手段を用いることは良心のとがめを感じてためらいます。他の国々でよく見かけられることですが、非利己的な方向に向かう強い感情と活動力の持ち主が、つまり、強烈な自国愛をもち、人類の進歩と人間の自由を希求し、さらに深い愛徳心をも持ち合わせ、そして自己の思索と活動の大半を私利私欲を越えた目的に捧げる人が、これらの目的あるいは自分が切望する他の目的を追求する段になると、英国人ならば、たとえ人間の本質的な価値の点で、また全体的性格において、理想的人間像からより遠く隔たった人間ではあってもどうしても犯す気にはなれないような悪事を平然とやってのけるのであります。

これら二つの形の精神構造のどちらが良いか、否、どちらの方が悪くないかと論じてみても無意味なことでしょう。良心と情操とを同時に陶冶することは決して不可能なことではありません。たとえ私心のない目的のためであっても、決して道徳律を犯さないというそういう人間を育て上げるのに何の支障もありません。またそれと同時に、人間の精神を高め、愚劣な対象とは無縁な存在であろうとする際に主によりどころとなる高尚な感情を育成、助長し、そして人生における真の成功とは一体何であるかについてより高邁な観念を人々に与えようとするとき、それを妨げるものは何もありません。もしわれわれが人々に対して徳の実践を期待するならば、人々を徳を愛する人にし、徳を他の目的を追求する許可を得るために支払わなければならない税としてではなく、目的そのものと感じるように教育することは、やりがいのある仕事であります。現実に存在する不正や卑劣な行為だけではなく、高い目的や献身的な努力の欠如もまた非難されるべきことであり、しかも精神を堕落させるものであると感じるように人々を教育することも、やりがいのある仕事です。そうしてさらに、この巨大な宇宙や人類全体を前にするとき、また過去の歴史と無限の未来を前にするとき、自己というものがいかに情け無いほど微小な存在であるか、もしも人生というものが自分自身と自分の一族の暮し向きを良くし、そして社会の階梯をせいぜい一段か二段高く登るためにそのことごとくが費やされてしまうとしたならば、人生とは何とつまらぬ無意味なものになるか、ということを感じるようになります。このように感じるようになり、しかも、高貴な目的をなしうる能力があると自分自身に感じられるようになって初めて、われわれは自尊心をもちうるようになります。たとえ、運悪くわれわれの周囲の人々がわれわれと同じ志をもたず、また自らの志に従ってなした行為に対して彼らが非難を浴びせることがあっても、われわれは歴史上の偉大な人物、あるいは文学作品のなかに登場する偉大な人物に深く共鳴することで、また未来の人間の理想像――聖なる存在に具現化されている理想的な典型をも付け加えておきましょう――を思いみることで、自分自身を支え励ますことができるようになります。

さて、このような高邁な精神を人に吹き込む一大源泉となるものは、詩であり、詩的、芸術的文学と呼ばれるものです。われわれはプラトンやデモステネスやタキトゥスから高邁な感情を吸収することができますが、それは、これらの偉大な人物たちが哲学者、雄弁家、歴史家であるだけではなく、また同時に詩人であり芸術家であるからであります。詩的教養を身につけることによって育成されるのは、高潔さやいわば英雄的感情だけではありません。詩には、魂を昂揚させると同様に魂を平静にし、昂揚した感情のみならず穏やかな感情も涵養するという偉大な力があります。詩は、われわれの本性の非利己的な側面に訴え、われわれが属している制度の幸不幸を直ちに自分自身の喜びや悲しみとするそういう人生の一場面一場面をわれわれにもたらし、また、行為を直接導くものではないが、真剣に人生を考えさせ、そしてわれわれの前に義務としてあるものすべてを引き受けさせる厳粛な、思いやる感情をわれわれの胸底深く刻み込みます。ダンテやワーズワースの詩、またはルクレティウス(83)の詩やウェルギリウスの「田園詩」を一通り学んだあとで、あるいはグレイの「哀歌」やシェリーの「知性美に寄せる讃歌」をしみじみと味わったあとで、自分がより良い人間になったように感じない人が果たしているでしょうか。

私は詩について話してきましたが、他の芸術も、程度の差はありますが、同じような効果をもたらします。感覚がわれわれ一般の英国人より生れつき繊細で、しかも美的感覚の面でもわれわれ以上によく訓練されている民族や国民は、絵画や彫刻からも詩から得られるのと同種の感動を覚えます。英国人のなかで、特に繊細な感受性を持ち合せている人の多くもまた同様であります。すべての表現芸術は、感情を生き生きと躍動的に表現する傾向があります。もしあの偉大なイタリアの画家たちが作品を単に公会堂や個人の応接間の壁面を飾るためにのみ制作したとしたならば、ヨーロッパ精神のなかで彼らが現に占めている地位にあり、また当時のもっとも偉大な人物のなかの一人に常に数えられると思われるでしょうか。彼らの描く「キリスト降誕の図」「キリスト磔刑の図」、壮麗な「聖母マリア像」や「聖人像」に性豊かな南欧の人々にとっては、敬虔な宗教感情のみならず、崇高で想像力豊かな感情を育んでくれるいわば教師でありました。彼らより冷静な性質をもつわれ者は、ヘンデルのオラトリオ〔聖譚曲〕に聴き入るとき、あるいはゴシック様式堂の壮観さによって喚起される感動に浸るとき、芸術が果たすあの働きをたぶん実することができるでしょう。何か特定な感情の表現ということから離れて、自然の高い節理の美を観賞するだけでも品性を高める効果が少なからずあります。自然の風景も、芸術が訴えるのと同じ領域の人間本性に強く訴えます。[84] スコットランドの高地地方や山岳地方で観られるような崇高な自然美を感受できる人ならばそのほとんど誰もが、その美にうたれて少なくとも暫くの間は卑小な人間的事象を超越し、自然美を観賞するという誰もが享受できる高尚な楽しみに比べれば、つまらぬことで利害が対立することがいかに大人気ないことであるかを痛感するでありましょう。

どんな職業にたずさわろうと、われわれのうちにあるこの感受性を決して麻痺させることなく、絶えずそれを活動させる機会を注意深く見つける努力をしましょう。日常の仕事が味気ないものであればあるほど、あの高尚な思想と感情の息づくところをしばしば訪れることによって、われわれの心の調子を高めておくことがますます必要になります。そこでは、あらゆる仕事が、それが目指す目的の高さとそれを行う精神の深さに比例して尊ばれるようになります。そしてわれわれは、あらゆる機会をとらえて高度な能力を発揮し、高尚な義務を遂行する努力を熱心に行いながらも、たとえどんな仕事であろうと、有益で正直な仕事でありさえすれば立派な公的職務であることを学ぶのです。しかもその仕事は遂行の仕方によっては、高貴な仕事にもなりうるし――職業の高貴さなどというものは、本来、仕事そのものにあるのではなく、ただその遂行の仕方によって生ずるものであります――、また、どんなに社会的には低く考えられている職業でも、その仕方とそれを行う仕方と動機が卑劣でない限り、て賤しい職業ではないのです。

さらに善と「美」の修養との間には、その修養が真の修養であって感得した人が、本能でない限り、ある種の親近性があります。美とは一体何でもしも徳性を持ち合せているならば、その人は自分自身の人生においても美を実現したいと望むことでしょう。つまり、そのような人は、自己啓発の努力目標として、人間性の理想的な美の典型を常に心に描き続けることでしょう。「美は善よりも偉大なり。何となれば、美は善を包含し、善の欠けたるを付加するが故なり。美とは完成されし善にして、善を全きものとなすあらゆる副次的完全性を具備すればなり」というゲーテの言葉は、ややもすれば誤解され、歪曲されるきらいがありますが、真理を穿《うが》っています。さて、この完全性の感覚、つまり、人間が創造するすべてのものに対して、その最高のものをわれわれに要求し、われわれの性格、あるいは行為のほんのわずかな欠点すら許さない完璧さへの希求は「芸術」による陶冶の一所産であります。人間の創造するもののなかで、純粋芸術の作品ほど完全性に近いものは他にありません。芸術作品以外のものでは、われわれは、目指す対象がわれわれにとって価値があると思われる程度に優秀な出来映えならばそれで満足しますし、満足しておいた方が無難かもしれません。ところが、「芸術」においては完全性それ自体が目的なのです。もし私が「芸術」を定義するとすれば、「ものごとの遂行において完全性を求める努力」とぐらいに言っておきたい。もしもわれわれが、一箇の機械による製品であろうとも、そのような精神で作られたと思われる形跡を帯びた作品、つまりその職工がそれに愛着を感じ、それほどよいものでなくとも実際の用途に結構役立ち、できるだけよいものにしようと努力したと思われる作品に出会うならば、その職工の仕事は芸術家の仕事と変わりがないと言えるでしょう。芸術は、単に実践されるだけではなく、真にその修養が積まれるときには、それに接して初めて得られる観念である「理想美」を、たとえ現実には到底達成しえないものではあっても、常に永遠の目標とします。そしてわれわれは、芸術のこの観点を通じて、われわれ自身の行為と存在の不完全さに決して甘んじることのないように、われわれが行うすべての事柄、そのなかでも特にわれわれ自身の人格形成と日常生活を能うかぎり理想的なものにするように、教育されるのであります。

結　び

今まで諸君とともに、より高い目的のために人生を役立てる準備として大学によって提供される題材や訓練の全領域をくまなく見てきましたので、ここで諸君に、大学にいるというこの好機を最大限利用するようになどという助言めいたことを、もはや付け加える必要はほとんどないように思われます。諸君は今こそ、商売上のあるいは職業上の瑣末事よりもより重大ではるかに人間を高尚にする主題についてある程度の見識を獲得し、人間のより高度な関心事すべてに諸君の精神を活用する術を習得すべき時期であります。諸君がこのような能力を身につけて実生活の仕事のなかに入っていかれるならば、仕事の合間に見出されるわずかな余暇でさえも空費されることなく、高貴な目的のために利用されることでありましょう。労苦が関心を圧倒しそうになる最初の難関を突破し、そしてある時点を通り過ぎて今までの労苦が楽しみに変わるようになると、もっとも多忙になる今後の人生においても、思考の自発的な活動によって、また日々の経験から学んだ教訓を通じて、知らず知らずに精神的能力はますます向上していきます。もし諸君が青年時代の勉学において究極の目的を見失わなければ——この究極の目的に向かって行われるからこそ青年時代の勉学は価値があるのですが――、少なくともそうなることでしょう。では、この究極の目的とは何であるかと申しますと、それは、自分自身を「善」と「悪」との間で絶え間なく繰り返されている激しい戦闘に従軍する有能な戦士に鍛え上げ、人間性と人間社会が変化する過程で生じて解決を迫る日々新たな問題に対処しうる能力を高めることであります。このような目的は一度心に根をおろしたならば、永くそこに定着するのが普通であります。そしてそのような目的がわれわれの胸中にあることで、われわれは絶えず高度な能力を働かせるようになり、また年を経るとともに蓄えてきた学識や能力をいわば精神的資本と考えるようになります。この資本とは、何らかの点で人類を現在よりもより賢明により善良にする方法、あるいは人間生活のすべての側面を現在よりももっと合理的な基盤に置く方法があれば、それを支援するために惜しみなく費やされるのです。われわれのなかで、自分の知性を使って同胞の生活を少しでもよくしようとする機会を増やそうとしない人は誰一人いません。このささやかな貢献を結集してより大きなものにするために、われわれの時代の独創的な精神の持ち主たちによって産み出された最善の思想に精通する努力を常にいたしましょう。この努力を通じて、われわれはどんな社会運動がわれわれの助力をもっとも切実に必要としているかがわかるようになり、そしてまた、われわれが関わるかぎり、よき種子が岩石の上に落ちて、もしも土の上に落ちたならば芽を出し花開いたはずなのに、土に達することなく朽ちていくということのないようにすることができるでしょう。

諸君は、将来、人類に知的な恩恵を施す人々を歓迎し、激励し、援助する立場の人々の一員となります。そしてまた、諸君は、もしその機会があるならば、人類に知的恩恵を施す人々のなかに加わるべき人々であります。意気消沈しているときは、そのような時間と機会がないように思われるかも知れませんが、そんなことで勇気を失ってはなりません。機会をとらえる方法を知っている人は、機会というものは自分で創り出すこともできるということに気がついています。われわれができることは、時間があるかどうかに左右されるのではなく、むしろその利用法次第なのです。諸君や諸君と同じ環境にある人こそ、次の世代を担う国の希望であり財産であります。次の世代が遂行すべき使命を担っている大事業のほとんどすべては、諸君たちの誰かが成し遂げなければなりません。確かに、そのなかのいくつかは、私が今こうして話し掛けている諸君に比べれば、社会から受ける恩恵がはるかに少なく、教育を受ける機会もほとんど与えてもらえなかった人々によって成し遂げられることもあるでしょう。私は、地上における報いにせよ、天上における幸福にせよ、報酬を眼前に示して、諸君をそそのかすつもりは毛頭ありません。どちらであろうと、報酬が与えられるなどということを考えなければ考えないほど、われわれにとってはよりよいのであります。しかしただ一つ、諸君の期待を決して裏切ることのない、いわば利害を超越した報酬があります。なぜそうなるかと申しますと、それは、ことのある結果ではなく、それを受けるに値するという事実そのものに内在しているものであるからです。では、それは一体何であるかと申しますと、「諸君が人生に対してますます深く、ますます多種多様な興味を感ずるようになる」ということであります。それは、人生を十倍も価値あるものにし、しかも生涯を終えるまで持ち続けることのできる価値です。単に個人的な関心事は年を経るに従って次第にその価値が減少していきますが、この価値は減少することがないばかりか、増大してやまないものであります。

訳者註

（1）原語は honorary presidency。ミルが実際に就任したのは rector 職である。十一世紀から十三世紀にかけて、ヨーロッパで、教会や修道院または大聖堂の付属教育機関から独立したいわゆる「大学」(Ūniversitās)と呼ばれる組織団体（例えば、ボローニャ、パリ、オックスフォード大学など）が誕生した。その自治組織は大学のすべての構成員に対して、民事的・刑事的司法権を付与された「レクター」(Rector)と呼ばれるいわば学長によって統括された。元来、rector という語は支配者(ruler)、指導者(leader)の意味であり、教会組織においては、教会区の司祭または牧師、あるいはイエズス会の修道院長を意味した。レクターは、学生の組織団体によって選出される場合もあり、教員側の団体によってのみ選挙される場合もあったが、一般的には両者の団体によって選出されていた。一四一三年創立のスコットランド最古の大学であるセント・アンドルーズ大学においてもこのレクター制度が採用され、その当初の選出方法は、学生、教員と在郷卒業生によるものであったが、一四七五年に学生は選挙権を失い、一八二四年までその権利を回復できないままでいた。一八五八年に大学法(the Universities Act)が英国議会を通り、新たなレクター制度が敷かれることになった。その制度では、レクターは大学司法委員会(University Court)の長となり、また学長(Chancellor)が不在の場合には、大学評議委員会の議長に任命される権限が付与された。その任期は三年と規定され、その選出は、大学に在籍し、正規に登録されている学生による選挙で行われることになった。しかし、大学の実質的な運営は、教授会で選出される副学長(Vice-chancellor)の手に委ねられており、レクター職は儀式的・装飾的色彩の強いいわば名誉職で、年に一、二度大学の特別な行事に参加し、またときに学生に対して講演を行う程度の活動が主な職務となっている。

(2) 原語は a national university。国立大学のことではなく、また特定の階層・階級出身者のための大学ではなく、広く国民のなかから学生が構成されている大学。

(3) J. H. Newman の *The Idea of a University* が一八五二年に、*Discourse on the Scope and Nature of University Education* というタイトルで出版され、そのなかでニューマンは、狭い意味での専門教育あるいは職業訓練に大学教育を限定することに反対し、大学は教養ある知識人の育成を目的にすべきであることを主張している。

(4) 原語は general education。大学で専門課程、例えば、医学、法学、神学課程に入る前の一般教養のこと。liberal education とほぼ同じ意味。

(5) ミル自身は『自伝』のなかで、自分の父から受けた教育を回顧しながらこの点を強調している。『ミル自伝初期草稿』(山下重一訳、御茶の水書房、一九八二年)六三頁参照。

(6) 例えば、J・ノックス(John Knox)(一五一三頃—七二)やA・メルヴィル(A. Melville)(一五四五—一六二二)。

(7) 原語は parish school。教会区(教会とその牧師を持つ宗教上の一区域、後に行政区として利用されるようになった)内の信者の子弟を教育するために設立された初等教育を主にした学校。

(8) 当時スコットランドには、セント・アンドルーズ大学、アバディーン大学(一四九五年創立)、グラズゴー大学(一四五一年創立)とエディンバラ大学(一五八三年創立)の四大学があった。

(9) 原語は high school。スコットランドにおいて大学へ入るための教科が教えられている上級中学校。イングランドのグラマー・スクール(grammar school)に相当する。

(10) ミルは『ロンドン・レヴュー』の創刊号(一八三五年四月発行)でセジウィック(Adam Sedgwick)の『大学の研究に関する講義』(*A Discourse on the Studies of University*)に対する評論で、ケンブリッジ、オックスフォード大学の学問的現状を痛烈に批判している。『J・S・ミル初期著作集3』(杉原四郎・山下重一編、御茶の水書房、一九八〇年)所収の「II セジウィック論」参照。

(11) 原語は Tripos。一八五〇年頃にケンブリッジ大学で導入された自然科学と道徳科学の学位課程の終了試験。通常、試験は三脚の椅子にすわって行われるのでそう呼ばれた。オックスフォード大学の優等試験制度(Final Honours)、ロンドン大学の優等試験制度(Final Examination of Honours Degree)に相当する。

(12) フランスのフォントネル(Fontenelle)によって火がつけられ、英国ではサー・ウィリアム・

テンプル(Sir William Temple, *Essay upon Antient and Modern Learning*, 1692)、ジョナサン・スウィフト(J. Swift, *Battle of the Books*, 1704)やケンブリッジの有名な古典学者、リチャード・ベントリ(Richard Bentley)などによって論ぜられた。

(13) Swift, Jonathan(1667–1745)、英国の諷刺作家。一時聖職に就いたこともあったが、政界と文壇で活躍。テンプルの秘書を勤めたこともあった。主著に『桶物語』(*A Tale of a Tub*, 1696)、「書物の戦争」(*The Battle of The Books*, 1697–99)、『ガリヴァー旅行記』(*Gulliver's Travels*, 1726)などがある。

(14) Temple, Sir William(1628–99)、英国の政治家、著作家。一六六八年の英《イギリス》・蘭《オランダ》・瑞《スエーデン》三国同盟の締結や一六七七年のオレンジ公ウイリアムとメアリとの結婚成立などに外交手腕を発揮。主著に、スウィフトを秘書として書いた*Memoirs*、*Essay upon the Present State of Ireland*、*Miscellanea* などがある。

(15) Fontenelle, Bernard Le Bovier de(1657–1757)、フランスの思想家、文学者。恋愛詩をはじめ、悲劇、喜劇、歌劇、散文を手がけた。科学的進歩思想、啓蒙思想を解説し、「新旧論争」では進歩説を支持して「新旧優劣論」である *Digression sur les anciens et les modernes*, 1688 を著わした。

(16) イングランドの伝統ある二つのパブリック・スクール。イートン校(Eton College)は一四四〇年ヘンリー(Henry)六世によってイートンに創立され、ウェストミンスター校(Westminster

School)はロンドンのウェストミンスターに十四世紀頃設立され、エリザベス一世によって学校としての体裁が整えられた。他の有名なパブリック・スクールとしては、ハロー(Harrow)、ラグビー(Rugby)、ウィンチェスター(Winchester)などが数えられる。

(17) アンドルー・シンプソン(Andrew Simpson)とアレキサンダー・ヒューム(Alexander Hume)によるラテン文法書。ヒュームのものは、一六一二年、スコットランド議会で国定教科書とされた。しかし、十八世紀以後は、トマス・ラディマン(Thomas Ruddiman)の *Rudiments of the Latin Tongue*, 1714 がスコットランドでは標準的な教科書になった。

(18) Arnold, Thomas(1795–1842)、英国の聖職者、教育家。オックスフォード大学卒業。ラグビー校校長となり、公立学校の教育改革に尽力。数学、近代語を課程に入れることで公立学校での古典学偏重を改め、学生の人格形成に努めた。のち母校で近代史を教える。広教会主義に依拠し、オックスフォード運動には否定的な立場をとる。トゥキュディデスの出版、説教集、*A History of Rome*, 1838–43, *Introductory Lectures on Modern History*, 1842 などを著す。

(19) ジョン・ロック(John Locke)の『教育に関する考察』(*Some Thoughts Concerning Education*)第二〇章、「文法」(第一六八節)——岩波文庫・服部知文訳参照。

(20) Whately, Richard(1787–1863)、英国の宗教家、論理学者。オックスフォード大学の学監、聖オルバンズ・ホール学長等を経て、ダブリンの大主教に任ぜられた(一八三一年)。彼の活躍は、神学、経済学にも及んだが、ミルが高く評価したホエートリの論理学に於ける業績は、論理学を復興させる原動力となったことである。『J・S・ミル初期著作集1』(杉原四郎・山下重一編、御茶の水書房、一九七九年)所収の「ホエートリの『論理学綱要(抄)』(一八二八年)」の解説参照。

(21) ミル自身がフランス語を習得した方法である。ミルが、十四歳から十五歳の時に、J・ベンタムの弟サミュエル・ベンタム将軍の好意でフランスに一年間滞在していた間の事情は、『ミル自伝』に詳細に記されている。前掲『J・S・ミル初期著作集1』の「I・2 フランス留学(一八二〇―二一)」または前掲『ミル自伝初期草稿』九二―九六頁参照。

(22) ラテン語系の言語、つまり、フランス語、イタリア語、スペイン語、ポルトガル語のこと。

(23) 『レヴァイアサン』(*Leviathan*, I, iv)のなかの有名な文の引用である。原文は"For words are wisemen's counters, they do but reckon by them; but they are the money of fools"(ed. M. Oakeshott, London: Blackwell, 1947, p. 22)。『リヴァイアサン』(一)(岩波文庫・水田洋訳)では次のように訳されている。「語はかしこい人々の計算器であって、かれらはそれによって計算するだけであるが、しかるにそれは愚者の貨幣であって……」。

(24) Hume, David(1711–76)、英国の哲学者、歴史家、政治及び経済思想家。『人間悟性論』(*An Enquiry concerning Human Understanding*, 1758)をはじめ道徳、政治等についての論文を発表。後に、エディンバラの図書館司書となり、『英国史』(*The History of England*, 1754–62)を刊行するかたわら、宗教関係の著作も手がけた。ここでは、『英国史』についての言及である。

(25) Hallam, Henry(1777–1859)、英国の歴史家。オックスフォード大学卒業後、弁護士となるが、父親の死後、財産を相続して歴史研究に専念。ホイッグ党支持。主著は、*View of the State of Europe during the Middle Ages*, 1818、*Constitutional History of England, from Henry VII's Accession to the Death of George II, 1485–1760*, 1827、*Introduction to the Literature of Europe in the 15th, 16th and 17th Centuries*, 1838–39。

（26）　Macaulay, Thomas Babington（1800–1859）、英国の歴史家、政治家。ケンブリッジ大卒。『エディンバラ・レヴュー』にミルトン論を発表して以来、二十年に亘って論客となる。下院議員、インド参事会法律委員、陸相、主計総監、グラスゴー大学学長を歴任。*History of England*（1848–61）はホイッグ史観が強すぎるとの声もあったが、彼の歴史家としての名を高めた。

（27）　「文法」とは、一般的に、記述的なもの、つまり言葉が現実の場でいかに使用されているかを記述するものと考えられているが、ミルの言う「文法」とは、ここでは、言語一般がもちうるいわゆる普遍形式の意に解されうるかもしれない。

（28）　Thoukydidēs［希］, Thucydides［英］（前460–400頃）、ギリシャの歴史家。アテナイの人。彼の書いたペロポネソス戦争を主とする政治・軍事史は世界最初の歴史書でもあるが、文学としても評価は高い。

（29）　Dēmosthenēs［希］, Demosthenes［英］（前384–322）、ギリシャの雄弁家、政治家。アテナイの人イサオスに修辞を学び、のち職業的法廷の辞論家となり、修辞を教えた。

（30）　Horatius［羅］, Horace［英］（前65–8）、ローマの詩人。ローマ及びアテナイで教育を受け、ギリシャ語を主に学ぶ。詩作については、最初、諷刺詩の類を手がけたが、抒情詩が認められ、のち桂冠詩人の地位を得た。

(31) Tacitus, Cornelius［羅］(55頃–120頃)、ローマの歴史家。原始ゲルマン人についての貴重な史料である『ゲルマニア』(Deorigine et situ Germanorum)をはじめ、大著である『年代記』(*Annales*)と『同時代史』(*Historiae*)の著者として知られる。

(32) Quintilianus, Marcus Fabius［羅］, Quintilian［英］(35頃–100頃)、ローマの修辞家。教育の最高の目的を、雄弁家の育成に置き、ルネサンス時代には人文主義者に大きな影響を与えた。

(33) ミルは、「弁証法」とその価値に関して、G・グロートの『プラトンとソクラテスの仲間達』(George Grote, *Plato and the Other Companions of Socrates*)の書評(*The Edinburgh Review*, April 1866; reprinted in *Dissertations and Discussions*, Vol. III)でかなり詳細に論じている。『ミル自伝初期草稿』第一章五六―七頁参照。

(34) ミル自身にとっても、彼が『自伝』で述べているような「精神史上の危機」の時期に心の慰めになったのは古典文学ではなくワーズワースの詩の耽読であった。前掲『ミル自伝初期草稿』第五章参照。

(35) 原語はcuriosa felicitasで、ペトロニウスの『サティリコン』(Petronius, *Satyricon*, 29, 118)のなかで使用されている句である。

(36) 原語は"proper words in proper places"で、サミュエル・ジョンソンの「ジョナサン・スウィフトの生涯」のなかで見出される(Samuel Johnson, "Life of Jonathan Swift" in *Lives of the English Poets*, <Everyman edition> Vol. II, p. 273)。

（37）Lucanus, Marcus Annaeus［羅］, Lucan［英］(39–65)、ローマの叙事詩人。叙事詩『ファルサリア』(*Pharsalia*)はシーザーとポンペイとの間で繰り広げられた戦闘場面を叙述している。

（38）このことは、また、ロックの見解でもある。前掲『教育に関する考察』(*Some Thoughts Concerning Education*)第二〇章「韻文」(第一七四節)参照。

（39）Sapphō［希］, Sappho［英］(前612頃–？)、ギリシアの女流抒情詩人、レスボス島の生れ。その詩は高い声価を受けていたが、貴族の娘たちを集めて詩と音楽を教えていたことから、同性愛、悲恋の投身自殺など種々の伝説が生れたが根拠はない。

（40）Alcaeus［羅英］, Alkaios［希］(アルカイオス)(前620–？)、エーゲ海のレスボス島ミュティレネ市の貴族詩人。作品はわずかな引用断片と、エジプト出土のパピルス断片のみが現存するだけである。情熱的で富と酒を愛し、戦闘を好み、戦争への誘いと政治的紛争との詩のほか神々への讃歌もある。ホラティウスが彼の韻律を用いて見事な詩を書いたので、彼はそれ以後の古典界に大きな足跡を留めた。

（41）Vergilius［羅］, Virgil［英］(前70–19)、ローマの詩人。修辞学、哲学をも学ぶ。宮廷詩人の資格を得た後、叙事詩の大作『アエネーイス』(*Aeneis*)を著す。

（42）Gray, Thomas(1716–71)、英国の詩人。『田舎の墓地で書かれた哀歌』(*An Elegy Written* in a Country Churchyard)を発表。桂冠詩人を辞退した後、ケンブリッジ大学の近代史の教授に就く。風景美、憂鬱等を詩とする点でロマン主義の先駆者とされる。

(43) Burns, Robert(1759–96)、スコットランドの詩人。『詩集、主としてスコットランド方言にて』(Poems, Chiefly in the Scottish Dialect)により認められる。十八世紀末の詩風の改革者であり、スコットランド方言詩人の第一人者でもある。

(44) Shelley, Percy Bysshe(1792–1822)、英国の詩人。イギリス・ロマン主義の代表的叙情詩人。バイロンなどとも交流を持ち、理想美とロマン主義的情熱のある作品を残した。

(45) 原語は simple apprehension。apprehension は感覚による対象把握、知的理解と神秘的超感覚を含む概念。simple は immediate と同義で、感覚以外の媒介(言語、推理等)を経ずに得られることを意味する。

(46) この節の論旨は、デカルトの『方法叙説』(René Descartes, *Discours de la méthode*)、特に第二章に相呼応している。

(47) Bacon, Francis(1561–1626)、英国の哲学者、政治家。ケンブリッジ大学に学んだ後、弁護士、下院議員、検事総長、枢密顧問官、国璽尚書等を勤めた。収賄の罪によって公権を剥奪されてからは著作に専念し、経験から出発する帰納法による科学精神を説く。彼は、中世のスコラ学者たちが用いた伝統的な演繹法に対してそれが三段論法のみに頼りすぎ、前提の確証を怠り、それゆえ、自然研究の方法としては不十分であるという論拠で厳しい批判をし、自然科学の方法論として帰納法論理学を提唱した。その結果、三段論法を中心とする伝統的形式論理学に関する関心が十七、十八世紀に失われた。

(48)　この論文とは、ハミルトン(Sir William Hamilton)が一八三六年、一月発刊の『エディンバラ・レヴュー』(*The Edinburgh Review*)に寄稿した『精神的訓練としての数学研究』(*On the Study of Mathematics as an Exercise of Mind*)のことである。彼がこの論文を書いた動機は、ヒューエル(William Whewell)が『一般教養教育の一環としての数学研究に関する省察』(*Thoughts on the Study of Mathematics as a Part of Liberal Education*, 1835)のなかで数学の必要性を過度に強調したことに対する反発からである。

(49)　ミルの『論理学体系』(*A System of Logic*)の第三巻、四巻のなかで詳細に説かれている科学的確証性を得るための手順の概略である。

(50)　前掲『ミル自伝初期草稿』第一章五五頁。

(51)　原語は school logic。その当時学校で教えられていた論理学のこと。つまり、伝統的論理学であるアリストテレスの演繹法と三段論法のこと。

(52)　ミルはベーコンの「帰納法」の解釈に対する詳細な批判を『論理学体系』のなかで行っている。*A System of Logic*, III, xxii and V, iii 参照。

(53)　Stewart, Dugald(1753–1828)、スコットランドの哲学者。エディンバラ大学の数学教授、道徳哲学教授を歴任。リードのスコットランド学派に属する。

（54） Brown, Thomas(1778–1820)、スコットランドの哲学者。デュゴルド・スチュアートの後任としてエディンバラ大学道徳哲学教授に就任。連想心理学を支持したほか、ヒュームの因果説を宗教の立場と両立するものとして擁護した。

（55） 「公衆衛生」の問題は、十九世紀中頃のイングランドでは、もっとも関心の高い社会問題の一つであり、またその改善のために多大の努力が払われた。特に都市環境の改善と結核に対する予防、治療がその当時の最大の緊急課題であった。ちなみに、ミルの家族や友人の何人かが、また彼の妻のハリエットも結核に罹った。ミル自身も結核に罹ったが、フランスのアヴィニオンでの転地療法の結果、奇蹟的に健康を回復するに至った。

（56） 原語は、the proper study of mankind。アレキサンダー・ポープ(Alexander Pope, 1688–1744)の『人間論』(*An essay on man*)に、「人間の正しい研究題目は人間である(The proper study of Mankind is Man)」(上田勤訳、岩波文庫)という一節がある。シャロン(Pierre Charron, 1541–1603)の『知恵について』(*De la Sagesse*)にも、「人間の真の学問、真の研究は人間である」という一節がある。

（57） 例えば、ヒューム(David Hume)、スチュアート(Dugald Stewart)、ハミルトン(Sir William Hamilton)、ブラウン(Thomas Brown)、J・ミル(James Mill)やベイン(Alexander Bain)。

（58） イングランドの臨床医であり、心理学者であるハートリ(David Hartley)が、脳および神経の解剖学的研究に基づいて、観念は大脳中の微小振動に対応して生ずると考え、観念の結合も生理的に考えられると主張した理論。J・ミルも同じ「連合説」をとるが、彼は、心理的現象は生理学的に説明すべきではないとし、純心理学的立場に立つ。

(59) バークリー(George Berkley)が神の存在証明のために、「存在とは知覚されること」(esse est percipi)であり、それゆえ、外的世界は、われわれ人間によってまたは神によって知覚されている限り、存在する、と主張したことに帰因する論争。

(60) Reid, Thomas(1710–96)、スコットランドの哲学者。スコットランド学派の創始者。アバディーン大学キングズ・コレッジ哲学教授。グラスゴー大学道徳哲学教授を歴任。ロック、バークリーの影響から、常識哲学(Philosophy of Common Sense)を提唱した。

(61) Hartley, David(1705–57)、英国の医者、心理学者。連合(想)心理学の立場から、すべての心的活動を時間的接触による連想と考えた。註(58)を参照。

(62) Ferrier, James Frederick(1808–64)、スコットランドの哲学者。セント・アンドルーズ大学の道徳哲学並びに経済学教授。代表的著作に *Institutes of Metaphysics* がある。

(63) Bain, Alexander(1818–1903)、英国の心理学者、哲学者。アバディーン大学の論理学、修辞学教授。心理学を専門の仕事として取り組んだ最初の人。『感性と知性』(*The Sense and the Intellect*)、『情緒と意志』(*The Emotions and the Will*)の二大主著がある。彼は、また、ミルの友人であり、論理学的側面での良き助言者でもあった。特に彼の『J・S・ミル評伝』(山下重一・矢島杜夫訳、御茶の水書房、一九九三年)は、ミル理解の上で重要な文献である。

(64) Bentham, Jeremy(1748–1832)、英国の法学者、哲学者。功利主義の主唱者。快楽を求め苦痛を避けるという能力こそ、すべての道徳及び立法の基本だ、という功利の概念を、主著『道徳および立法の原理の序論』(*Introduction to the Principles of Morals and Legislation*)で展開、人生の目的は「最大多数の最大幸福」(the greatest happiness of the greatest number)の実現にあるとする。ミルの父親であるJ・ミル、ミル自身にとっても、いわば師である。

(65) Austin, John(1790–1859)、英国の法学者。弁護士よりロンドン大学法律学教授となる。ドイツに留学し、ベンタムの功利主義哲学にローマ法に関するドイツ法学の理論を取り入れて、分析法学派の基礎を築いた。主著 *The Province of Jurisprudence Determined* と *Lectures on Jurisprudence: Being the Sequel to The Province of Jurisprudence Determined* は十九世紀後半メインによって価値が認められた。また、J・ミルの友人であり、ミル自身も少年時代にオースティン夫妻の厚情を受けた。

(66) Maine, Sir Henry James Sumner(1822–88)、英国の法律学者、社会学者。ケンブリッジ大学で私法教授として教鞭をとるかたわら著した『古代法』(*Ancient Law*)は歴史法学の古典的著作となった。イギリス歴史法学派の創始者。文明の起源を探求し、法制史、社会史に新たな領域をひらいた。インド総督府法務官、オックスフォード大学比較法律学教授、ケンブリッジ大学トリニティ・ホールの学長、同大学国際法教授を歴任。

(67) 原語は Law of Nations。ラテン語の ius gentium の英訳。「諸民族の法」と訳される場合もある。市民法(ius civile)に対立するローマ法上の概念。ローマ市民のみならず外国人にも適用される法で、世界商業の必要性から財産法と取引法をその実体とする。

(68) 原語は general utility。ベンタムの説く「最大多数の最大幸福」に近づく行為が正しく、その逆が不善とされる行為基準。

(69) 原語は natural justice。アリストテレスは国家内に実現されるべき正義を「自然的正義」(physikon dikaion)と「制定による正義」(nomikon dikaion)に区別し、この区別が自然法と実定法との区別の先駆をなした。この自然的正義は正義の根拠を人間の本性(nature)に求めた。

(70) 原語は natural rights。歴史的あるいは人間の定めた「実定的諸権利」が、時代、場所により可変的であるのに対して、いついかなる場所でも、人間として当然享受、主張すべきだと考えられる諸権利のこと。

(71) 原語は moral sense。英国のシャフツベリー、バトラー、ハチソン、ヒュームなどは、あらゆる倫理的判断の根拠を道徳感覚に求め、それを良心と同一視した。思想史的には、良心の宗教とされるプロテスタンティズムの良心論に由来する。

(72) 原語は principles of practical reason。アリストテレスの言う「実践理性」(nous praktikōs)は、目的実現に向けられ、行為を統一、支配する理性。カントでは、理論理性に対し、意志を規定する理性(praktische Vernunft)。道徳的行為にあっては、意志の内容が自然的欲望、経験的動機によって規定されるのを排して、もっぱらただ理性が自己自身に与える法則によって意志の形式を規定する原理。

(73) ミル自身、少年期に父親J・ミルから、教会史関係の著作、例えば、モスハイム(Mosheim, Johann Lorenz)の『教会史』(*An Ecclesiastical History*)やマクリー(Macrie, Thomas)の『ジョン・ノックス伝』(*The Life of John Knox*)等を読まされていた。前掲『ミル自伝初期草稿』第一章四八頁、第二章七九—八八頁参照。

(74) 例えば、ルター(Luther, Martin)やフス(Hus, Jan)。

(75) 例えば、デカルトやヴォルテール(Voltaire)。

(76) 特に、ケンブリッジ大学の地質学教授であったセジウィック(Sedgwick, Adam)は、大学の内部改革を積極的に推進し、彼がトリニティ・コレッジで行った『大学の研究に関する講義』は大学生、若い研究者たちに深い感銘を与えた。前掲『J・S・ミル初期著作集3』「II セジウィック論」参照。

(77) 例えば、ロックは『教育に関する考察』のなかで次のように述べている。「もし子供に詩を作る才能がなければ、けっして成功しないことで子供を苦しめ、時間を浪費さすことは、この世でもっとも不合理なことですから……」(岩波文庫、一七四、二七四頁)。

(78) Fletcher, Andrew(1655–1716)、スコットランドの政治家、作家、愛国者。この引用部分は、*An Account of a Conversation Concerning a Right Regulation of Governments for the Com-*

mon Good of Mankind, 1704 からのものである。

(79) トムソン(Thomson, James, 1700–48)の作による、いわば英国の国民歌。

(80) バーンズ(Burns, Robert)の詩の一節。

"Scots, wha hae wi' Wallace bled,
Scots, wham Bruce has aften led ..."

(81) Moore, Thomas(1779–1852)、アイルランドの詩人。法律を学んで官吏となるが、罷免されイタリアに逃れ、バイロンと会い、詩作に専念するようになり、詩集『アイルランド歌曲集』(*Irish Melodies*)、愛国詩 *National Airs* で名声を得た。

(82) Grattan, Henry(1746–1820)、アイルランドの政治家。アイルランド議会で愛国党を率い、アイルランド議会の独立を獲得した。また、アイルランド併合には反対し、併合後はイギリス議会に出てカトリック教徒解放の実現に尽力した。

(83) Lucretius, Titus Carus［羅］(前94頃–55)、ローマの詩人、哲学者。一切の現象を因果関係に基づき論理的に考察する姿勢がみられる。唯一の著作は『物の本性について』(*De rerum natura*)。

(84) ミルが田園風景や山岳地方の自然を愛でたことは、彼が余暇に植物採集で野原を歩き回ったことから、また『自伝』や『書簡集』からも窺い知れる。『ミル自伝初期草稿』第二章九〇頁、第五章一七九頁。

［解説］

教養ある公共知識人の体現者J・S・ミル

竹内　洋

渾身の名誉学長就任演説

本書は、ジョン・ステュアート・ミル（以下ミルとする）のセント・アンドルーズ大学（スコットランド）名誉学長就任演説の全訳である。ミルが亡くなる六年前（一八六七年二月一日）、六十歳のときの演説である。翌日の「ザ・タイムズ」（二月二日号）は、名誉学長就任式の様子を伝え、就任演説については「聴衆は熱心に聞き入り、終わると惜しみない称讃の拍手がつづいた」と報道している（"MR. MILL, M. P., AS RECTOR OF ST. ANDREWS"）。「ザ・タイムズ」はミルの就任演説を約三時間としているが、ミルの評伝を書いたアレキサンダー・ベイン（『J・S・ミル評伝』山下重一ほか訳、御茶の水書房、一九九三年）は三時間としている。

演説が二時間から三時間にわたったということだけでも、この演説にミルの大学教育への強い思いがこめられていることがわかる。ミル渾身の演説であったことは、就任演説までのつぎのような事情にもみることができる。

ミルが学生投票によって名誉学長に選出されたのは、一八六五年一一月五日である。ミルに就任要請の知らせが届いたのは、ミルがロンドンのウエストミンスター選挙区からの下院議員立候補を推薦され、当選した後のことだった。ミルはあとにみるように、学校教育というものを一切受けておらず、大学で教えたこともない。にもかかわらず名誉学長に選出されたのは、新聞や評論雑誌、著作の執筆で知的公衆に意見を具申する公共知識人《パブリック・インテレクチュアル》として有名だったことによるだろうが、それだけではなかった。ミルの『論理学体系』はオックスフォード大学の哲学の正典となっており、『経済学原理』は大学の経済学の教科書になっていた。ミルは大学知識人の間でも哲学者や経済学者としての赫々たる地位を確立していたからであろう。

ミルはこれからはじまる議員活動や著作による多忙となかんずく就任演説の草稿を練るのに相当な時間を要するからとして、名誉学長就任の要請をいったんはことわった。しかし、選出したほうは、引き下がれない。かくて就任演説を翌年に延ばすという ことでミルの名誉学長就任の承諾を得たという経緯がある。就任演説の草稿準備の ために、一年延期を条件にしたところに、ミルがこの就任演説に大きな思いをこめた ことがわかるというものである。下院議員に当選したミルは、議会では婦人や労働者 の参政権獲得をめざす活動などで多忙だった。議会の休会中にプラトンの著作をすべ て原文で読みながらの「プラトン論」の執筆と、この演説草稿の執筆がおこなわれた。 ミル晩年の渾身の演説という所以である。本書(就任演説)の内容に立ち入る前にまず ミルその人についてふれなければならないが、その前にミルが近代日本の知識人に大 きな影響を与えたことについてみておきたい。

近代日本におけるミル

ミル(一八〇六—七三)は、ヴィクトリア朝における最も偉大な哲学者だったから、 近代日本でもミルの著作は早くから翻訳され、研究されていた。『自由之理』(*On Liberty*, 1859)は、中村敬宇(正直)訳で、明治五(一八七二)年に刊行されている。明治六

(一八七三)年に自由党の首領河野広中がこれを読んで、それまでの漢学や国学によって培われた思想が「木葉微塵の如く打壊かるゝと同時に、人の自由、人の権利の重んず可きを知った」(『河野磐州伝』上)と言い、自由民権運動のバイブルになったことは有名である。『自由之理』は同じ訳者による『西国立志編』『西洋品行論』(いずれもサミュエル・スマイルズ著)とならんで、この三書を、当時、官吏と教育者で読むことがなければ、「其資格に欠くる処有るものの如き観あり」(石井研堂『中村正直伝』一九〇七年)といわれたほどである。

『自由之理』刊行後、明治一八年までの十数年の間に、ミルの代表作の『代議政体』(*Considerations on Representative Government*, 1861)、『利学』(*Utilitarianism*, 1861)『宗教三論』(*Three Essays on Religion*, 1874)、『男女同権論』(*The Subjection of Women*, 1869)、『弥児《ミル》経済論』(*Principles of Political Economy*, 1848)、『議員改正論』(*Thoughts on Parliamentary Reform*, 1859)、『欧州社会党評論』(*Chapters on Socialism*, 1879)などがつぎつぎに翻訳される。原書の翻刻版も出ている。さながらミル・ブームをなしていた。

『利学』の翻訳者である西周（一八二九―九七）や福沢諭吉（一八三五―一九〇一）へのミルの影響はよく知られている。丸山眞男『「文明論之概略」を読む』（岩波新書、上中下、一九八六年）では、福沢の思想へのミルの影響が克明に解きほぐされている。河上肇も『資本主義経済学の史的発展』（一九二三年）の中でスミス、マルクスと並んでミルを経済学の重要思想として取り上げている。また、昭和教養主義のバイブルである『学生と教養』などの『学生叢書』の編者だった河合栄治郎（一八九一―一九四四）も第一高等学校の生徒のときからミルの熱心な読者だった。のちに河合は、ミルのすぐあとに活躍するトーマス・ヒル・グリーン（一八三六―八二）の社会哲学に傾倒するが、それでも河合の『社会思想家評伝』（一九三六年）や『社会思想史研究』（一九四〇年）には、ミルについての詳細な研究論文が収められている。戦後は、河合栄治郎の弟子だった塩尻公明の『J・S・ミルの教育論』（同学社、一九四八年）をはじめ、杉原四郎や山下重一らが『J・S・ミル初期著作集』全四巻（御茶の水書房、一九七九―九七年）の編集やミル研究をおこなった。また小泉仰などの独自のミル研究もある。

このような学問的研究以外にもミルは意外なところで近代日本人にはよく知られて

いた。ミルの『自伝』(*Autobiograpy*)や『自由論』は、戦前の旧制高校の英語教科書とされたり、旧制高校や旧制大学の入学試験の英文解釈の問題文になったりしたからである。後者の英文解釈入試問題に採用されたことについては、すでにみたように、ミルの著作や思想が日本で早くから紹介されていたこともあったが、ミルの文体と受験英語の親和性もあったとおもわれる。ミルの英語はヴィクトリア時代の英語の特徴で文章が長いことがあったが、受験英語との親和性はそれだけではない。ミルはあとにみるように、十四歳のときベンサムの弟サミュエル・ベンサムの世話でフランスに一年余り滞在し、たちまちフランス語を自家薬籠中の物にした。しかし、フランス語の影響を多くうけたことから、ミルの文体は「関係詞、特に which や who という重苦しい関係詞を過剰に使」い、代名詞 it もよく使った(アレキサンダー・ベイン、前掲書)。このようなミルの文体が当時の難文・難句を好む英文解釈問題に適合したこともあったとおもわれる。

戦後は、河合栄治郎の弟子だった、第十八代東大総長大河内一男が一九六四年三月二八日の卒業式辞でミルを引用し、有名になった。そのくだりはつぎのようである。

「昔J・S・ミルは「肥った豚になるよりは痩せたソクラテスにりたい」と言ったことがありますが……卒業生の諸君が痩せたソクラテスになる決意したとき、日本はほんとうにいい国になるでしょう」。用意された原稿のこの部分は、この文では読まれなかったが、新聞などで報道され、広く知られることになった。『功利主義』の中の「満足した豚であるよりは満足しない人間の方がいい。満の愚者であるよりは、満足しないソクラテスである方がいい」（『功利主義』第二章、珠枝ほか訳）からのものである。

また丸山眞男が教養人の定義に、J・S・ミルいわくとして「真に教養ある人間とは、すべて《エヴリシング》について何事《サムシング》かを知り、何事かについてはすべてを知る人間だ」（『「文明論之概略」を読む』上）としたこともミルの名前をわれわれの脳裏に刻みつけるのにあずかった。このフレーズについては対話体で書かれた「政治学」（『社会科学入門』みすず書房、一九五六）では、つぎのように噛み砕いた説明が加えられている。

あのオーケストラの指揮者を連想すればいいんじゃないかな。指揮者は管弦楽のあらゆる楽器の専門奏者には到底なれないが、少なくともそれぞれの性質や奏法を一応全部知っていなければならず、しかも指揮法については徹底的に精通していなければならない。

丸山ならではのパラフレーズである。もっとも丸山の引用した教養人についてのさきのフレーズがミル発祥のものであるかどうか、留保をしたいが、そのことについてはあとにして、その前にミルの生涯について手短に説明をしておきたい。

生涯と肖像

ミルは父ジェイムズ・ミル(一七七三―一八三六)と母ハリエット(一七八二―一八四)の長男として一八〇六年五月二〇日にロンドンで生まれた。イギリスが大陸軍ンとの戦争をはじめ、トラファルガー岬沖海戦で勝利した直後、ジョージ朝の時代である。ロンドンにガス灯がともったのはミルが生まれた翌年だった。ヴィクトリア朝がはじまるのはミルが三十一歳になったときからである。

父ジェイムズ・ミルはスコットランドの小農兼小さな靴屋の子として生まれたが、牧師になる条件で富豪の奨学金を得てエディンバラ大学神学部で学んだ。ジェイムズは長老派の伝道師の資格をとったが、宗教への懐疑を拭いきれず、聖職者の道を断念し、ロンドンで編集者となる。長男ミルが生まれたのはこのころである。ミルの名前は、父の学資を援助した篤志家ジョン・ステュアート卿にちなんでつけられた。ジェイムズは、ベンサム（一七四八―一八三二）の功利主義とリカードウ（一七七二―一八二三）の経済学に心酔し、その影響を受ける。『イギリス領インドの歴史』（一八一八年）を著し、その専門知識が評価され、ミルが十三歳になったばかりのころ、一八一九年五月、父は東インド会社に就職し、生活の安定を得る。

ジェイムズは、人間の性格は先天的なものではなく、環境、なかんずく「観念連合の法則」によって形成されるという信念をもっていた。観念連合とは、別々の観念（印象）が続いて起きるなどによって、一方の観念（印象）が再び生じると他方の観念（印象）が随伴し、ひとつのまとまりをつくるというものである。したがって、善行には賞賛と喜びを、悪行には非難と苦しみをあたえることで、教育が大きな効果をもつと考えた。善悪いずれにしても人間の性格の「十のうち九」を教育が培うという教育万能論者《タブララサ》だった。そうした信念の持ち主のジェイムズであったればこそ、ミルに対して最高度の知的・道徳的教育を手ずからほどこした。観念連合は、早ければ、早いほど効果をもつ。かくてすさまじいほどの早期英才教育がはじまった。

ミルはギリシャ語を三歳で学びはじめた。父からギリシャ語の単語カードがわたされた。単語をしばらくやったあとに「イソップ寓話集」を読んだ。ヘロドトスの全部、クセノフォンの「キュロス教育」と「ソクラテス追想録」、イソクラテスなどを読む。算術も父に習った。八歳になるとラテン語の学習をはじめ、九歳のときにはウェルギリウス、キケロなどを読む。十歳から十二歳の間にはアリストファネス、ホラティウス、アリストテレスの修辞学、高等数学におよぶ。十三歳から十四歳の間にはアダム・スミスやリカードウの経済学を読む。もちろん理解できないところもあったにしても、である。勉学は、朝食前に二、三時間、夕食までに五時間、夜、二時間から三時間。一日十時間にもわたった。しかし、単なる暗記教育ではなかった。ミルは父の教育についてつぎのように述べている。

私の父は、私の学ぶいかなることも、それが単に記憶力さえ働かせればよいことに堕するのを決してゆるさなかった。父は私を教える一歩一歩に、理解力が平行して進むように、いやできることなら理解力の方が一歩先に進むようにと、骨を折った。考えればわかるようなことは、私が自分でわかろうと骨身をけずってついにかぶとをぬぐまでは、決して父のほうから教えようとしなかった。（『ミル自伝』朱牟田夏雄訳、岩波文庫、以下『自伝』と表記）

父はベンサムに傾倒しており、ベンサムの隣に住んだり、夏をともに過ごすなど深い交際をつんでいたが、ミルが六歳のとき、二人の間に「両人の後継者にしようではないか」と話し合いまでされた。父の教育に応えるミルの勉学ぶりとその成果ゆえだろう。

ミルの邸宅教育がおわるのが十三歳（一八一九年）のときである。翌年五月、ミルはフランスに渡り、セイやサンシモンに会う。この解説のはじめのほうで、ミルがフランス語に堪能だったことにふれたが、このとき習得されたものである。一八二三年五月、十七歳のとき、父の推挙により東インド会社インド通信審査部に就職し、父直属の書記となる。以後三十五年間勤め、最後は父とおなじく審査部長になる。ミルの膨大な著作、新聞や雑誌の執筆活動は、東インド会社の仕事のかたわらおこなわれたものである。

東インド会社に就職して三年後、一八二六年秋、ミル二十歳のときに、深刻な精神的危機に陥る。この精神史の危機についてミル自身がつぎのように書いている。

私はだれしも時々おちいりがちなように、神経の鈍麻した状態にあった。快楽も、快い昂奮も感じなかった。ほかの時なら愉快と感じられることが、つまらなくどうでもよく感じられるような心境であった。メソディズムに改宗したものが最初の「罪の自覚」を感じて打ちのめされたようになる時に普通感ずるのがこの心境ではないかと思う。こういう状態のときに私は、次のような問を自らに発して見ることに思いいたった。いわく、「かりにおまえの生涯の目的が全部実現されたと考えて見よ。おまえの待望する制度や思想の変革が全部、今この瞬間に完全に成就できたと考えて見よ。これはおまえにとって果して大きな喜びであり幸福であろうか?」その時抵抗しがたい自意識がはっきりと答えた。「否!」と。これを聞いて私の内心の気持はガックリとし、私の生涯をささえていた全基盤がガラくとくずれ落ちた。(『自伝』)

過去の愛読書を読み返したり、過去の高貴な人々の言行にすがってみる。しかし、虚ろな、暗澹な悲しみは、なくならなかった。ミルのこの精神の危機については、過度の勉学による「過労説」(アレキサンダー・ベイン、前掲書)、父への憎しみ感情抑圧の「解除反応説」(抑圧された情動エネルギーの解放)(A.W. Levi, "The 'Mental Crisis' of John Stuart Mill", in J. C. Wood, ed. *JOHN STUART MILL: Critical Assessments*, Vol.1, Croom Helm, 1987)などがあるが、いずれにしても、これまでの理知的に片寄った教育への揺り戻し作用だった。

ミルは、コールリッジやカーライル、ワーズワスの作品によって救われる。とくにワーズワスの詩は外形の美ではなく、感情の状態を表現しているからだった。これこそ「知的教養」ではなく、「詩的教養」(感情の教養)だとおもうようになる。ひとつの観念がわれわれに引き起こす想像的感情は「決して幻影ではなくて……現実性をもった一つの事実」である、と。精神の危機は、自らの知的に片寄った教育に原因があるのではないかとおもうにいたる。「私の長い間の知的修練が、早期に何でもかんでも分析してしまうことを私の抜きがたい習慣にしてしまって、そういう分析の持つすべてを解きほごす力に抵抗できるだけの強さのある感情を、私の受けた教育は育ててくれなかったのだ」(『自伝』)。この精神の危機を乗り越えることで、ミルはいままでよりも一回りも二回りも大きくなっていく。

この危機を脱したあとの一八三〇年八月に、ミルはロンドンの実業家ジョン・ティラーの家に招かれ、実業家の妻ハリエット・ティラー(一八〇七—五八)と知り合う。ミルとハリエットは、知り合ってから二十年後、ハリエットの夫ジョンが死亡した二年後、一八五一年に結婚している。ハリエットとの恋愛時代に、ミルは『論理学体系』や『経済学原理』を刊行し、結婚後は『自由論』をまとめるが、『自由論』刊行前の一八五八年にハリエットが急死する。『自由論』扉には、ヴィルヘルム・フォン・フンボルトの言葉と同行者だったハリエットへの賛辞が掲載されている。『自由論』刊行の翌年、『女性の隷属』や『代議政体論』などを出版する。ミルはハリエットがなくなってからは、ハリエットの墓があるアヴィニョン（フランス）の別邸で過ごすことが多くなった。『昆虫記』のアンリ・ファーブルと親交を深め二人で散歩し野草や花の採集を楽しんだ。

一八七三年五月七日午前七時、ミル死去。享年六十七。ミルは、前夫とハリエットの間に生まれた義理の娘のヘレンに、「わたしは自分の仕事をやり遂げたことになるよね」と、うわごとのように言って息をひきとった。ミルの生前をよく知り、手厳しいところもおりまぜた評伝を書いたベインは、ミルのひととなりについて、寛大で愛他的であり、約束をきちんと守り、几帳面であり、しゃれを数多く飛ばし、冗談を楽しんだが、冷笑とは無縁の同情や感情の暖かさにみちたものだった（前掲書）としている。

教養教育と大学の理念

いままで再三引用してきた『ミル自伝』は、本書の講演の二年あとにほぼ書き終えられ、没後の一八七三年に刊行されたが、その中でこの名誉学長就任演説が目指したものについて自らつぎのように書いている。

この講話では私は、大学教育《リベラル・エデュケイション》に属するいろいろな学問、その効用と影響力、その影響力を最も有益ならしめるためにはどういう風に研究をすすめるべきか、等に関して年来私の脳中に蓄積されつつあった多くの考えや意見を述べた。私の論旨は、昔からの古典の研究と新らしい科学の研究とが等しく高い教育的価値を持つことを、その擁護者たちの多くが普通に説くよりもさらに有力な根拠の上に立って主張し、この両方面の研究が相提携すべきものであるのにとかく相対立するもののように見なされるのは、通常の教え方の愚かしい無能さのゆえに過ぎないことを力説したもので、これは、幸にも近ごろ高等教育の国家的施設の中におこってきている改革を助長し刺戟すると同時に、それのみでなく、精神を最高に陶冶するためにはどうしたらよいかについて、現在どうにかすると高い教育を受けた人々の中にさえ見られない正しい観念を普及させるのに恰好であった、と私は思う。

ここでミルが古典の研究と新しい科学の研究とが「とかく相対立するもののように見なされる」としているように、ミルの講演の時代には教養教育論をめぐっての論争の時代だったことを知っておく必要があろう。

ミルも演説のはじめのほうで、高等教育に関する現在よく耳にする「大論争」といっている。論争とは古典語と古典文芸こそが教養であるとする伝統的教養教育擁護論者と自然科学の目をみはる成果を背景に科学を中心とした新しい教養教育提唱者との論争である。前者の代表的論客には、『教養と無秩序』で有名なマシュー・アーノルド（一八二二—八八）やウィンチェスター校校長ジョージ・モバリーがいた。後者（科学の擁護者）の陣営には、ハーバート・スペンサー（社会哲学者、一八二〇—一九〇三）や作家オールダス・ハクスリーの祖父であるトーマス・ハクスリーがいた。

まさにそのような論争の中で、この名誉学長演説がおこなわれたのである。ミルはこの教養教育論争を仕立て職人が上衣をつくるべきか、ズボンをつくるべきかの論争に等しいとして、科学教育はわれわれに考え方を教え、文学教育はわれわれに思想の表現の仕方を教えるのだから「その両方を必要としないなどとどうして言えましょう」(二一頁)と論争が不毛なことをまず宣言する。同時に教養教育の目的が「包括的な見方」と「結合の仕方」「(諸科学の)体系化」にあるとする。詳細な知識だけもつ有能な弁護士ではなく、ものごとの原理に立つ哲学的弁護士こそが大学教育が目指すべきものであるが、哲学的弁護士になるには「彼らがどんな種類の精神をその技術のなかに吹き込むか」(一三頁)によってきまる。その精神にあたるものが教養教育の目指すものであるというのである。

こうして教養教育の内容に入っていくのだが、演説の前半は古典教育がなぜ必要かにあてられている。ギリシャ、ラテン語を通じて歴史を原典で学ぶことで、単に古代精神を理解するだけでなく、自分たちがいま住んでいる社会によってつくられた眼鏡をかけていることに気がつき、自分の眼鏡を相対化するためにまたとない教育になる。

ギリシャ語やラテン語で書かれた古典は、当時の簡素な生活ゆえに、人間の本性と行為についての鋭い洞察がなされているから、そこから賢明な思想と考察を得ることができる、と。

といっても当時おこなわれていた古典教育を肯定しているわけではない。イートンやウェストミンスター校などでおこなわれている古典教育の教授法では「なにも教えていない」に等しいとして、教授法を根本的に改革しなければならないとする。文法だけを重視するよりも、語彙を増やし、用法に慣れるなどの古典教育の教授法の改革を提案している。教授法を改善すれば、いまよりももっと短い時間で、古典教育がなされ、そのことによって真理に到達するための検証の方法となる観察と推論の技法を学ぶ科学教育の余地を生み出すことができるとする。そこで教養教育としての科学教育や論理学、道徳科学などの意義について述べるにいたる。

マシュー・アーノルドは、ミルのこの演説について称讃と共鳴の言葉を書き残しているが、スペンサーのほうは古典教育に肩入れしすぎているという批判の手紙をミルに届けている。ミルは、スペンサーにいまは古典教育が危機に瀕しているから、このようなときにこそ現代的な古典教育の強化がおこなわれなければならないという返信をしている。アーノルドとスペンサーのこのような反応の違いは、アーノルドは伝統的教養(人文的教養)の擁護者ではあったが、科学教育を否定しなかったときに、スペンサーは伝統的教養にかなり否定的であり、ミルがまず古典教育を先にし、科学教育を従にしていることに不満だったからであろう。

本演説で注目したいのは、古典教育と科学教育の意味を説明したあとでまとめている三つの教育、とくに「美学・芸術教育」についてである。教育について知的能力を育てる「知性の教育」と良心を育てる「道徳教育」そして芸術により美的なものを育成する「情操教育」として、「美学・芸術教育」についてはこういっている。「前の二つの分野(知性の教育と道徳の教育――引用者)を補助し、これらの分野ほど主たりえませんが、質的にはほとんど劣るところがなく、人間性の完成にとってそれらと同様になくてはならないものです」(一一七―八頁)。英国で情操教育が軽視されたのは「商業の面での金儲け主義と宗教の面での清教主義に由来する」としている。「生涯と肖像」のところでふれたミルの精神の危機のときの詩的教養(感情の教養)への覚醒が「美学・芸術教育」の重視という独自の教養教育論となっている。しかもこの三つの教養教育がひとつになって人間性を培うことが期待されているのである。

ここで言い添えておきたいのは、さきほど詩的教養を抑圧するとされた「商業の面での金儲け主義」についてである。ミルは別のところでトクヴィル（フランスの歴史家、一八〇五―五九）のいう「諸条件の平等」（『アメリカのデモクラシー』松本礼二訳、岩波文庫）よりも、過剰な「商業精神」によって「見解の固定化」や「個性の消失」などの欠陥が生じることを夙に指摘している（ミル『アメリカの民主主義』山下重一訳、未来社、一九六二）が、いまや大学改革のキーワードが「アカウンタビリティ」（説明責任）や「ステークホルダー」（利害関係者）などの市場経済用語になっているように、大学自体がビジネス文化に侵食されはじめている。覆いつくさんばかりの「商業精神」（ビジネス文明）の自浄作用を担うのは教養教育をおいてほかにないはずである。

本書におけるミルの教養教育の真髄は、教養ある知識人とはなにかについてのつぎの文言にまとめられている。

人間が獲得しうる最高の知性は、単に一つの事柄のみを知るということではなくて、一つの事柄あるいは数種の事柄についての詳細な知識を多種の事柄についての一般的知識と結合させるところまで至ります。（中略）広範囲にわたるさまざまな主題についてその程度まで知ることと、何か一つの主題をそのことを主として研究している人々に要求される完全さをもって知ることは、決して両立しえないことではありません。この両立によってこそ、啓発された人々、教養ある知識人が生まれるのであります。（二一八頁）

解説のはじめのほうで丸山がミルの言葉として引いた「すべて《エヴリシング》について何事か《サムシング》を知り、何事かについてはすべてを知る」と重なるものである。ところで、この丸山の引用についてふれたときに、引用文は、はたしてミルに発祥するフレーズであるかどうか、留保したいと述べた。いまここに立ち返りたい。丸山がミルの言葉として初出引用したものは一九五六年の対話体で書かれた「政治学」（『社会科学入門』みすず書房）においてであるが、このミルのフレーズについて「（ロンドン大学の——引用者）ロブスン教授が言っているように」という言葉が入っている。ロブスン教授経由のものとなる。丸山がミルの出典を示さなかった所以である。

留保の理由はこれだけではない。もうひとつは、ジョージ・マルコーム・ヤングの『ある時代の肖像』(*Victorian England: Portrait of an Age*, Oxford University Press, 1936. 松村昌家・村岡健次訳、ミネルヴァ書房、二〇〇六年)に、丸山がミルの言として引用するフレーズ(to know something of everything and everything of something)がそのまま出てくるからである。ヤングは後期ヴィクトリア時代が歴史を研究する鉄工場主や学問に励む商人などの教養人の時代から専門家だけの荒野になったと慨嘆し、いまや忘れ去られたフレーズとしてでてくる。しかも、その文の前には「おなじみの標語」(genial watchword)とある。以上のことから、丸山のいう「何事かについてすべてを……」のフレーズがミル発祥の言葉なのか、ヴィクトリア朝前半期に誰彼となくいわれたフレーズなのかという問題は残る。

しかし、発祥がいずれにあったにしてもさきほど引用したミルの演説の言葉とこのフレーズは同趣旨である。しかもミル自身がそのフレーズの体現者だった。知識においてそうだっただけではない。他者の意見に対する態度としてそうだった。ミルは自分のことを論理学や経済学や政治学の抽象的学問は別として「独創的思想家としての自分の才能をあまり買っていなかったが、すべての人から学びとるという気持および能力にかけては、はるかにまさっていると考えていた」(『自伝』)としている。これは単なる謙遜ではなく、まちがった議論であってもその底には一脈の真理が含まれているはずだから、間違った議論についても考えることが真実へいたるために裨益するとしたからである。「意見の相違は害悪ではなくてむしろためになることである」(『自由論』塩尻公明・木村健康訳、岩波文庫)と積極的に意味づけていたからである。

教養人とは知識においてバランスがとれているだけではなく、他者の意見に開かれた精神の持ち主のことであろう。リチャード・ポスナーは、公共知識人論の中でミルについて数多くの言及をしながら、『自由論』などに代表されるミルの可謬性に開かれた立論を高く評価し、ミルを過去二世紀でもっとも偉大な公共知識人だった(R. Posner, *Public Intellectuals: A Study of Decline*, Harvard University Press, 2001)としている。ミルの知識のバランスだけではなく、他者の意見に開かれた議論の仕方の賜物であろう。前者（知識のバランス）は、後者（他者の意見に開かれた姿勢）あってのことだともいえる。そして、後者のミルの姿勢こそ、あの精神の危機のときに開眼した詩的教養によって培われた感情の教養に淵源があったとおもわれる。

最後に本書を読みながら、あらためて強くおもったことがある。あらゆる学問は人類の幸福という公共性に開かれた学問として登場したが、しだいに専門家集団だけのための閉じられた学問となり、初心が忘れ去られている気配がある。それぞれの学問を本書で展開されているような教養教育としての意味のもとに問い直すことが学問の初心に還ることにつながるはずである。本書には、道徳教育は「特定な教育によるのではなく、大学全体にみなぎっている気風」（一〇六頁）によるものだとして、明示的に意図されていない教育における隠れた《ヒッドン》カリキュラムの重要性の言及、人間は「この世界を自分が生まれたときよりも少しでも良いものにしてこの世を去りたい」（一〇六頁）という高貴な思いをもつべきなどの名言にも満ちている。演説は、いまから一世紀半以上も前の、それもわれわれからは遠い異国でおこなわれたものであるが、いまなお燦然と輝く教養教育と大学論の古典であることは間違いない。

〔編集付記〕

本書は、ジョン・ステュアート・ミル著『ミルの大学教育論――セント・アンドルーズ大学名誉学長就任講演「教育について」』(竹内一誠訳、御茶の水書房、一九八三年五月刊行)のうち、講演の翻訳と訳注を収録したものである。今回の文庫化にあたって、改行や見出しを加えて調整した。

(岩波文庫編集部)

大学教育《だいがくきょういく》について　J.S.ミル著

2011年7月15日　第1刷発行
2020年3月16日　第13刷発行

訳　者　竹内一誠《たけうちいっせい》

発行者　岡本　厚

発行所　株式会社　岩波書店
〒101-8002 東京都千代田区一ツ橋 2-5-5

案内 03-5210-4000　営業部 03-5210-4111
文庫編集部 03-5210-4051
https://www.iwanami.co.jp/

印刷・理想社　カバー・精興社　製本・松岳社

ISBN 978-4-00-391011-5　　Printed in Japan

読書子に寄す

——岩波文庫発刊に際して——

岩波茂雄

真理は万人によって求められることを自ら欲し、芸術は万人によって愛されることを自ら望む。かつては民を愚昧ならしめるために学芸が最も狭き堂宇に閉鎖されたことがあった。今や知識と美とを特権階級の独占より奪い返すことはつねに進取的なる民衆の切実なる要求である。岩波文庫はこの要求に応じそれに励まされて生まれた。それは生命ある不朽の書を少数者の書斎と研究室とより解放して街頭にくまなく立たしめ民衆に伍せしめるであろう。近時大量生産予約出版の流行を見る。その広告宣伝の狂態はしばらくおくも、後代にのこすと誇称する全集がその編集に万全の用意をなしたるか。千古の典籍の翻訳企図に敬虔の態度を欠かざりしか。さらに分売を許さず読者を繋縛して数十冊を強うるがごとき、はたしてその揚言する学芸解放のゆえんなりや。吾人は天下の名士の声に和してこれを推挙するに躊躇するものである。このときにあたって、岩波書店は自己の責務のいよいよ重大なるを思い、従来の方針の徹底を期するため、すでに十数年以前より志して来た計画を慎重審議この際断然実行することにした。吾人は範をかのレクラム文庫にとり、古今東西にわたって文芸・哲学・社会科学・自然科学等種類のいかんを問わず、いやしくも万人の必読すべき真に古典的価値ある書をきわめて簡易なる形式において逐次刊行し、あらゆる人間に須要なる生活向上の資料、生活批判の原理を提供せんと欲する。この文庫は予約出版の方法を排したるがゆえに、読者は自己の欲する時に自己の欲する書物を各個に自由に選択することができる。携帯に便にして価格の低きを最主とするがゆえに、外観を顧みざるも内容に至っては厳選最も力を尽くし、従来の岩波出版物の特色をますます発揮せしめようとする。この計画たるや世間の一時の投機的なるものと異なり、永遠の事業として吾人は微力を傾倒し、あらゆる犠牲を忍んで今後永久に継続発展せしめ、もって文庫の使命を遺憾なく果たさしめることを期する。芸術を愛し知識を求むる士の自ら進んでこの挙に参加し、希望と忠言とを寄せられることは吾人の熱望するところである。その性質上経済的には最も困難多きこの事業にあえて当たらんとする吾人の志を諒として、その達成のため世の読書子とのうるわしき共同を期待する。

昭和二年七月

《哲学・教育・宗教》〔青〕

ソクラテスの弁明・クリトン　プラトン　久保勉訳
ゴルギアス　プラトン　加来彰俊訳
饗宴　プラトン　久保勉訳
テアイテトス　プラトン　田中美知太郎訳
パイドロス　プラトン　藤沢令夫訳
メノン　プラトン　藤沢令夫訳
国家　全二冊　プラトン　藤沢令夫訳
プロタゴラス —ソフィストたち　プラトン　藤沢令夫訳
法律　全二冊　プラトン　森進一・池田美恵・加来彰俊訳
パイドン —魂の不死について　プラトン　岩田靖夫訳
アナバシス —敵中横断六〇〇〇キロ　クセノポン　松平千秋訳
アリストテレス　ニコマコス倫理学　全二冊　高田三郎訳
アリストテレス　形而上学　全二冊　出隆訳
アリストテレス　弁論術　戸塚七郎訳
アリストテレース　ホラーティウス　詩学・詩論　松本仁助・岡道男訳
物の本質について　ルクレーティウス　樋口勝彦訳

エピクロス —教説と手紙　出隆・岩崎允胤訳
生の短さについて　他二篇　セネカ　大西英文訳
怒りについて　他二篇　セネカ　兼利琢也訳
マルクス・アウレーリウス　自省録　神谷美恵子訳
老年について　キケロー　中務哲郎訳
友情について　キケロー　中務哲郎訳
キケロー書簡集　高橋宏幸編
エラスムス＝トマス・モア往復書簡　沓掛良彦・高田康成訳
方法序説　デカルト　谷川多佳子訳
哲学原理　デカルト　桂寿一訳
情念論　デカルト　谷川多佳子訳
パンセ　全三冊　パスカル　塩川徹也訳
知性改善論　スピノザ　畠中尚志訳
スピノザ　エチカ（倫理学）　全二冊　畠中尚志訳
スピノザ　神・人間及び人間の幸福に関する短論文　畠中尚志訳
学問の進歩　ベーコン　服部英次郎・多田英次訳
ハイラスとフィロナスの三つの対話　バークリ　戸田剛文訳

聖トマス　形而上学叙説 —有と本質とに就いて　高桑純夫訳
エミール　全三冊　ルソー　今野一雄訳
ルソー　告白　全三冊　桑原武夫訳
孤独な散歩者の夢想　ルソー　今野一雄訳
人間不平等起原論　ルソー　本田喜代治・平岡昇訳
ルソー　社会契約論　桑原武夫・前川貞次郎訳
政治経済論　ルソー　河野健二訳
演劇について —ダランベールへの手紙　ルソー　今野一雄訳
言語起源論 —旋律と音楽的模倣について　ルソー　増田真訳
道徳形而上学原論　カント　篠田英雄訳
啓蒙とは何か　他四篇　カント　篠田英雄訳
純粋理性批判　全三冊　カント　篠田英雄訳
カント　実践理性批判　波多野精一・宮本和吉・篠田英雄訳
判断力批判　全二冊　カント　篠田英雄訳
永遠平和のために　カント　宇都宮芳明訳
プロレゴメナ　カント　篠田英雄訳
人間の使命　フィヒテ　宮崎洋三訳

- 学者の使命・学者の本質 — フィヒテ／宮崎洋三訳
- ヘーゲル 政治論文集 全二冊 — 金子武蔵訳
- 歴史哲学講義 全二冊 — ヘーゲル／長谷川宏訳
- ブルーノ — シェリング／服部英次郎・井上庄七訳
- 自殺について 他四篇 — ショウペンハウエル／斎藤信治訳
- 読書について 他二篇 — ショウペンハウエル／斎藤忍随訳
- 知性について 他四篇 — ショーペンハウエル／細谷貞雄訳
- 将来の哲学の根本命題 他二篇 — フォイエルバッハ／松村一人・和田楽訳
- 不安の概念 — キェルケゴール／斎藤信治訳
- 死に至る病 — キェルケゴール／斎藤信治訳
- 体験と創作 全二冊 — ディルタイ／柴田治三郎・小牧健夫訳
- 眠られぬ夜のために 全二冊 — ヒルティ／草間平作・大和邦太郎訳
- 幸福論 全三冊 — ヒルティ／草間平作・大和邦太郎訳
- 悲劇の誕生 — ニーチェ／秋山英夫訳
- ツァラトゥストラはこう言った 全二冊 — ニーチェ／氷上英廣訳
- 道徳の系譜 — ニーチェ／木場深定訳
- 善悪の彼岸 — ニーチェ／木場深定訳

- この人を見よ — ニーチェ／手塚富雄訳
- プラグマティズム — W・ジェイムズ／桝田啓三郎訳
- 宗教的経験の諸相 全二冊 — W・ジェイムズ／桝田啓三郎訳
- 純粋現象学及現象学的哲学考案 全二冊 — フッセル／池上鎌三訳
- デカルト的省察 — フッサール／浜渦辰二訳
- 笑い — ベルクソン／林達夫訳
- 物質と記憶 — ベルクソン／熊野純彦訳
- 時間と自由 — ベルクソン／中村文郎訳
- 数理哲学序説 — ラッセル／平野智治訳
- ラッセル教育論 — 安藤貞雄訳
- ラッセル幸福論 — 安藤貞雄訳
- ラッセル結婚論 — 安藤貞雄訳
- 存在と時間 全四冊 — ハイデガー／熊野純彦訳
- 学校と社会 — デューイ／宮原誠一訳
- 民主主義と教育 全二冊 — デューイ／松野安男訳
- 歴史と自然科学・道徳の原理に就て・聖 『プレルーディエン』より — ヴィンデルバント／篠田英雄訳
- 我と汝・対話 — マルティン・ブーバー／植田重雄訳

- アラン 幸福論 — 神谷幹夫訳
- アラン 定義集 — 神谷幹夫訳
- 英語発達小史 — H・ブラッドリ／寺澤芳雄訳
- 日本の弓術 — オイゲン・ヘリゲル述／柴田治三郎訳
- 天才・悪 — ブレンターノ／篠田英雄訳
- 比較言語学入門 — 高津春繁
- 人間の頭脳活動の本質 他一篇 — ディーツゲン／小松摂郎訳
- ハリネズミと狐 —『戦争と平和』の歴史哲学 — バーリン／河合秀和訳
- 言語 —ことばの研究序説 — エドワード・サピア／安藤貞雄訳
- 連続性の哲学 — パース／伊藤邦武編訳
- 論理哲学論考 — ウィトゲンシュタイン／野矢茂樹訳
- 自由と社会的抑圧 — シモーヌ・ヴェイユ／冨原眞弓訳
- 根をもつこと 全二冊 — シモーヌ・ヴェイユ／冨原眞弓訳
- 重力と恩寵 — シモーヌ・ヴェイユ／冨原眞弓訳
- 全体性と無限 全二冊 — レヴィナス／熊野純彦訳
- 啓蒙の弁証法 —哲学的断想 — M・ホルクハイマー、T・W・アドルノ／徳永恂訳
- ヘーゲルからニーチェへ —十九世紀思想における革命的断絶 全二冊 — レーヴィット／三島憲一訳

哲学の根本問題・数理の歴史主義展開 田辺元哲学選III　藤田正勝編
統辞構造論 付『言語理論の論理構造』序論　チョムスキー　福井直樹・辻子美保子訳
統辞理論の諸相 方法論序説　チョムスキー　辻子美保子・福井直樹訳
言語変化という問題 —共時態、通時態、歴史　E・コセリウ　田中克彦訳
快楽について　ロレンツォ・ヴァッラ　近藤恒一訳
古代懐疑主義入門 判断保留の十の方式　J・アナス　J・バーンズ　金山弥平訳
ヨーロッパの言語　アントワーヌ・メイエ　西山教行訳
ニーチェ みずからの時代と闘う者　ルドルフ・シュタイナー　高橋巖訳
人間精神進歩史 全二冊　コンドルセ　渡辺誠訳
隠者の夕暮・シュタンツだより　ペスタロッチー　長田新訳
人間の教育 全二冊　フレーベル　荒井武訳
フレーベル自伝　長田新訳
旧約聖書 創世記　関根正雄訳
旧約聖書 出エジプト記　関根正雄訳
旧約聖書 ヨブ記　関根正雄訳
旧約聖書 詩篇　関根正雄訳
新約聖書 福音書　塚本虎二訳

文語訳 新約聖書 詩篇付
文語訳 旧約聖書 全四冊
キリストにならいて　トマス・ア・ケンピス　大沢章・呉茂一訳
聖アウグスティヌス 告白 全二冊　服部英次郎訳
アウグスティヌス 神の国 全五冊　服部英次郎・藤本雄三訳
新訳 キリスト者の自由・聖書への序言　マルティン・ルター　石原謙訳
シュヴァイツェル イエスの生涯 メシアと受難の秘密　シュヴァイツェル　波木居齊二訳
キリスト教と世界宗教　シュヴァイツェル　鈴木俊郎訳
コーラン 全三冊　井筒俊彦訳
エックハルト説教集　田島照久編訳
ある巡礼者の物語 —イグナチオ・デ・ロヨラ自叙伝　イグナチオ・デ・ロヨラ　門脇佳吉訳・注解
後期資本主義における正統化の問題　ハーバーマス　山田正行・金慧訳

《東洋思想》〔青〕

- 易経 全二冊 高田真治・後藤基巳訳
- 論語 金谷治訳注
- 孔子家語 藤原正校訳
- 孟子 全二冊 小林勝人訳注
- 老子 蜂屋邦夫訳注
- 荘子 全四冊 金谷治訳注
- 新訂 孫子 金谷治訳注
- 荀子 全二冊 金谷治訳注
- 韓非子 全四冊 金谷治訳注
- 史記列伝 全五冊 司馬遷 小川環樹・今鷹真・福島吉彦訳
- 春秋左氏伝 全三冊 小倉芳彦訳
- 塩鉄論 曾我部静雄訳註
- 千字文 小川環樹・木田章義注解
- 大学・中庸 金谷治訳注
- 孫文革命文集 深町英夫編訳
- 実践論・矛盾論 毛沢東 松村一人・竹内実訳
- ガンディー 獄中からの手紙 森本達雄訳
- ウパデーシャ・サーハスリー —真実の自己の探求 シャンカラ 前田専学訳
- インド思想史 J・ゴンダ 鎧淳訳

《仏教》〔青〕

- ブッダのことば —スッタニパータ 中村元訳
- ブッダの真理のことば・感興のことば 中村元訳
- 般若心経・金剛般若経 中村元・紀野一義訳註
- 法華経 全三冊 坂本幸男・岩本裕訳注
- 日蓮文集 兜木正亨校注
- 浄土三部経 全二冊 中村元・早島鏡正・紀野一義訳註
- 大乗起信論 宇井伯寿・高崎直道訳注
- 天台小止観 —坐禅の作法 天台大師 関口真大訳注
- 臨済録 入矢義高訳注
- 碧巌録 全三冊 入矢義高・溝口雄三・末木文美士・伊藤文生訳注
- 無門関 西村恵信訳注
- 盤珪禅師語録 —付 行業記— 鈴木大拙編校
- 法華義疏 全二冊 聖徳太子 花山信勝校訳
- 往生要集 全二冊 源信 石田瑞麿訳注
- 教行信証 親鸞 金子大栄校訂
- 歎異抄 金子大栄校注
- 親鸞和讃集 名畑應順校注
- 正法眼蔵 全四冊 道元 水野弥穂子校注
- 正法眼蔵随聞記 懐奘編 和辻哲郎校訂
- 道元禅師清規 大久保道舟訳注
- 南無阿弥陀仏 —付 心偈 柳宗悦
- 蓮如文集 蓮如 笠原一男校注
- 蓮如上人御一代聞書 稲葉昌丸校訂
- 日本的霊性 鈴木大拙 篠田英雄校訂
- 新編 東洋的な見方 鈴木大拙 上田閑照編
- 禅堂生活 鈴木大拙 横川顕正訳
- 大乗仏教概論 鈴木大拙 佐々木閑訳
- 浄土系思想論 鈴木大拙
- ブッダ最後の旅 —大パリニッバーナ経 中村元訳
- 明恵上人集 久保田淳・山口明穂校注

仏弟子の告白 ―テーラガーター― 中村元訳
尼僧の告白 ―テーリーガーター― 中村元訳
ブッダ神々との対話 ―サンユッタ・ニカーヤI― 中村元訳
ブッダ悪魔との対話 ―サンユッタ・ニカーヤII― 中村元訳
驢鞍橋 鈴木正三 鈴木大拙校訂
ブッダが説いたこと ワールポラ・ラーフラ 今枝由郎訳
ブータンの瘋狂聖 ドゥクパ・クンレー伝 ゲンドゥン・リンチェン編 今枝由郎訳

《音楽・美術》〔青〕

新編 ベートーヴェンの手紙 全二冊 ベートーヴェン 小松雄一郎編訳
ベートーヴェンの生涯 ロマン・ロラン 片山敏彦訳
音楽と音楽家 シューマン 吉田秀和訳
モーツァルトの手紙 ―その生涯のロマン― 全二冊 柴田治三郎編訳
レオナルド・ダ・ヴィンチの手記 全二冊 杉浦明平訳
ゴッホの手紙 全三冊 硲伊之助訳
ビゴー日本素描集 清水勲編
ワーグマン日本素描集 清水勲編
河鍋暁斎戯画集 山口静一 及川茂編
葛飾北斎伝 飯島虚心 鈴木重三校注
近代日本漫画百選 清水勲編
うるしの話 松田権六
ドーミエ諷刺画の世界 喜安朗編
河鍋暁斎 ジョサイア・コンドル 山口静一訳
伽藍が白かったとき ル・コルビュジエ 生田勉 樋口清訳
デューラー 自伝と書簡 前川誠郎訳
蛇儀礼 ヴァールブルク 三島憲一訳
迷宮としての世界 ―マニエリスム美術― 全二冊 グスタフ・ルネ・ホッケ 種村季弘 矢川澄子訳
日本洋画の曙光 平福百穂
江戸東京実見画録 長谷川渓石画 進士慶幹 花咲一男注解
映画とは何か 全二冊 アンドレ・バザン 野崎歓 大原宣久 谷本道昭訳
漫画 坊っちゃん 近藤浩一路
漫画 吾輩は猫である 近藤浩一路
ロバート・キャパ写真集 ICPロバート・キャパ・アーカイブ編
北斎 富嶽三十六景 日野原健司編
日本漫画史 ―鳥獣戯画から岡本一平まで― 細木原青起
胡麻と百合 ラスキン 石田憲次 照山正順訳

《歴史・地理》〔青〕

新訂 魏志倭人伝・後漢書倭伝・宋書倭国伝・隋書倭国伝 ―中国正史日本伝1　石原道博編訳
ヘロドトス 歴史 全三冊　松平千秋訳
トゥーキュディデース 戦史 全三冊　久保正彰訳
ガリア戦記　カエサル 近山金次訳
タキトゥス ゲルマーニア　泉井久之助訳註
タキトゥス 年代記 全二冊 ―ティベリウス帝からネロ帝へ　国原吉之助訳
歴史とは何ぞや　ベルンハイム 坂口昂・小野鉄二訳
歴史における個人の役割　プレハーノフ 木原正雄訳
古代への情熱 ―シュリーマン自伝　シュリーマン 村田数之亮訳
大君の都 ―幕末日本滞在記 全三冊　オールコック 山口光朔訳
アーネスト・サトウ 一外交官の見た明治維新 全二冊　坂田精一訳
ベルツの日記 全二冊　トク・ベルツ編 菅沼竜太郎訳
武家の女性　山川菊栄
インディアスの破壊についての簡潔な報告　ラス・カサス 染田秀藤訳
ラス・カサス インディアス史 全七冊　長南実訳 石原保徳編
コロンブス航海誌　林屋永吉訳

コロンブス 全航海の報告　林屋永吉訳
洞窟絵画から連載漫画へ ―人間コミュニケーションの万華鏡　ホグベン 寿岳文章・林達夫・平田寛・南博訳
戊辰物語　東京日日新聞社会部編
大森貝塚 ―付 関連史料　E・S・モース 近藤義郎・佐原真編訳
魔女 全二冊　ミシュレ 篠田浩一郎訳
ナポレオン言行録　オクターヴ・オブリ編 大塚幸男訳
中世的世界の形成　石母田正
日本の古代国家　石母田正
フランス二月革命の日々 ―トクヴィル回想録　トクヴィル 喜安朗訳
日本における近代国家の成立　E・H・ノーマン 大窪愿二訳
朝鮮・琉球航海記 ―一八一六年アマースト使節団とともに　ベイジル・ホール 春名徹訳
ローマ皇帝伝 全二冊　スエトニウス 国原吉之助訳
回想の明治維新 ―一ロシア人革命家の手記　メーチニコフ 渡辺雅司訳
インカの反乱 ―被征服者の声　ティトゥ・クシ・ユパンギ述 染田秀藤訳
三国史記倭人伝 他六篇 ―朝鮮正史日本伝1　佐伯有清編訳
ヒュースケン 日本日記 ―1855〜61　青木枝朗訳
さまよえる湖 全二冊　ヘディン 福田宏年訳

老松堂日本行録 ―朝鮮使節の見た中世日本　宋希璟 村井章介校注
北槎聞略 ―大黒屋光太夫ロシア漂流記　桂川甫周 亀井高孝校訂
ヨーロッパ文化と日本文化　ルイス・フロイス 岡田章雄訳注
十八世紀ヨーロッパ監獄事情　ジョン・ハワード 川北稔・森本真美訳
東京に暮す ―一九二八〜一九三六　キャサリン・サンソム 大久保美春訳
ミカド ―日本の内なる力　W・E・グリフィス 亀井俊介訳
増補 幕末百話　篠田鉱造
明治百話 全二冊　篠田鉱造
幕末明治 女百話 全二冊　篠田鉱造
トゥバ紀行　メンヒェン＝ヘルフェン 田中克彦訳
一七八九年 ―フランス革命序論　G・ルフェーヴル 高橋幸八郎・柴田三千雄・遅塚忠躬訳
ツアンポー峡谷の謎　F・キングドン・ウォード 金子民雄訳
アレクサンドロス大王東征記 付インド誌 全二冊　アッリアノス 大牟田章訳
高麗史日本伝 ―朝鮮正史日本伝2　武田幸男編訳
シエサ・デ・レオン インカ帝国地誌　増田義郎訳
インカ皇統記 全四冊　インカ・ガルシラーソ・デ・ラ・ベーガ 牛島信明訳
ローマ建国史 全三冊(既刊上巻)　リーウィウス 鈴木一州訳

元治夢物語 —幕末同時代史　馬場文英　徳田武校注

フランス・プロテスタントの反乱 —カミザール戦争の記録　カヴァリエ　二宮フサ訳

ニコライの日記 —ロシア人宣教師が生きた明治日本　全三冊　中村健之介編訳

マゼラン最初の世界一周航海　長南実訳

パリ・コミューン　全二冊　H・ルフェーヴル　河野健二　柴田朝子　西川長夫訳

徳川制度　全三冊・補遺　加藤貴校注

第二のデモクラテス —戦争の正当原因についての対話　セプールベダ　染田秀藤訳

チベット仏教王伝 —ソンツェン・ガンポ物語　ソナム・ギェルツェン　今枝由郎監訳

《法律・政治》〔白〕

- 人権宣言集　高木八尺・末延三次・宮沢俊義編
- 新版 世界憲法集 第二版　高橋和之編
- 君主論　マキァヴェッリ　河島英昭訳
- フィレンツェ史 全二冊　マキァヴェッリ　齊藤寛海訳
- リヴァイアサン 全四冊　ホッブズ　水田洋訳
- ビヒモス　ホッブズ　山田園子訳
- 法の精神 全三冊　モンテスキュー　野田良之・稲本洋之助・上原行雄・田中治男・三辺博之・横田地弘訳
- ローマ人盛衰原因論　モンテスキュー　田中治男・栗田伸子訳
- 第三身分とは何か　シィエス　稲本洋之助・伊藤洋一・川出良枝・松本英実訳
- 完訳 統治二論　ジョン・ロック　加藤節訳
- 寛容についての手紙　ジョン・ロック　加藤節・李静和訳
- ルソー 社会契約論　桑原武夫・前川貞次郎訳
- フランス二月革命の日々 ―トクヴィル回想録　トクヴィル　喜安朗訳
- アメリカのデモクラシー 全四冊　トクヴィル　松本礼二訳
- 犯罪と刑罰　ベッカリーア　風早八十二・五十嵐二葉訳
- ヴァジニア覚え書　T・ジェファソン　中屋健一訳
- リンカーン演説集　高木八尺・斎藤光訳
- 権利のための闘争　イェーリング　村上淳一訳
- 民主主義の本質と価値 他一篇　ハンス・ケルゼン　長尾龍一・植田俊太郎訳
- 法における常識　P・G・ヴィノグラドフ　末延三次・伊藤正己訳
- 近代国家における自由　H・J・ラスキ　飯坂良明訳
- 外交談判法　カリエール　坂野正高訳
- 危機の二十年 ―理想と現実　E・H・カー　原彬久訳
- ザ・フェデラリスト　A・ハミルトン・J・ジェイ・J・マディソン　斎藤眞・中野勝郎訳
- マッツィーニ 人間の義務について　齋藤ゆかり訳
- モーゲンソー 国際政治 ―権力と平和 全三冊　原彬久監訳
- 現代議会主義の精神史的状況 他一篇　カール・シュミット　樋口陽一訳
- 第二次世界大戦外交史 全二冊　芦田均
- 憲法講話　美濃部達吉
- 日本国憲法　長谷部恭男解説

《経済・社会》〔白〕

- 政治算術　ペティ　大内兵衛・松川七郎訳
- ケネー 経済表　平田清明・井上泰夫訳
- チュルゴオ 富に関する省察　永田清訳
- 国富論 全四冊　アダム・スミス　水田洋監訳　杉山忠平訳
- 道徳感情論 全二冊　アダム・スミス　水田洋訳
- コモン・センス 他三篇　トーマス・ペイン　小松春雄訳
- ロバート・マルサス初版 人口の原理　ロバート・マルサス　高野岩三郎・大内兵衛訳
- 経済学における諸定義　マルサス　玉野井芳郎訳
- オウエン自叙伝　ロバアト・オウエン　五島茂訳
- 経済学および課税の原理 全二冊　リカードウ　羽鳥卓也・吉澤芳樹訳
- 農地制度論　フリードリッヒ・リスト　小林昇訳
- 戦争論 全三冊　クラウゼヴィッツ　篠田英雄訳
- 自由論　J・S・ミル　塩尻公明・木村健康訳
- 女性の解放　J・S・ミル　大内兵衛・大内節子訳
- 大学教育について　J・S・ミル　竹内一誠訳
- ユダヤ人問題によせて　ヘーゲル法哲学批判序説　マルクス　城塚登訳
- 経済学・哲学草稿　マルクス　城塚登・田中吉六訳
- 新編輯版 ドイツ・イデオロギー　マルクス　エンゲルス　廣松渉編訳　小林昌人補訳
- マルクス エンゲルス 共産党宣言　大内兵衛・向坂逸郎訳

賃労働と資本　マルクス　長谷部文雄訳
賃銀・価格および利潤　マルクス　長谷部文雄訳
マルクス 経済学批判　武田隆夫・遠藤湘吉・大内力・加藤俊彦訳
マルクス 資本論 全九冊　エンゲルス編　向坂逸郎訳
文学と革命 全二冊　トロツキイ　桑野隆訳
ロシア革命史 全五冊　トロツキー　藤井一行訳
空想より科学へ —社会主義の発展　エンゲルス　大内兵衛訳
家族・私有財産・国家の起源　エンゲルス　戸原四郎訳
帝国主義論 全二冊　ホブスン　矢内原忠雄訳
帝国主義　レーニン　宇高基輔訳
金融資本論 全二冊　ヒルファディング　岡崎次郎訳
ローザ・ルクセンブルク 獄中からの手紙　秋元寿恵夫訳
雇用、利子および貨幣の一般理論 全二冊　ケインズ　間宮陽介訳
シュムペーター 経済発展の理論 全二冊　塩野谷祐一・中山伊知郎・東畑精一訳
租税国家の危機　シュムペーター　木村元一・小谷義次訳
恐慌論　宇野弘蔵
経済原論　宇野弘蔵

ユートピアだより　ウィリアム・モリス　川端康雄訳
社会科学と社会政策にかかわる認識の「客観性」　マックス・ヴェーバー　富永祐治・立野保男訳　折原浩補訳
プロテスタンティズムの倫理と資本主義の精神　マックス・ヴェーバー　大塚久雄訳
職業としての学問　マックス・ヴェーバー　尾高邦雄訳
社会学の根本概念　マックス・ヴェーバー　清水幾太郎訳
職業としての政治　マックス・ヴェーバー　脇圭平訳
古代ユダヤ教 全三冊　マックス・ヴェーバー　内田芳明訳
宗教と資本主義の興隆 —歴史的研究 全二冊　トーニー　出口勇蔵・越智武臣訳
未開社会の思惟 全二冊　レヴィ・ブリュル　山田吉彦訳
社会学的方法の規準　デュルケム　宮島喬訳
世論 全二冊　リップマン　掛川トミ子訳
王権　A・M・ホカート　橋本和也訳
鯰絵 —民俗的想像力の世界　C・アウエハント　小松和彦・中沢新一・飯島吉晴・古家信平訳
贈与論 他二篇　マルセル・モース　森山工訳
国民論 他二篇　マルセル・モース　森山工編訳
ヨーロッパの昔話 その形と本質　マックス・リュティ　小澤俊夫訳

《自然科学》〔青〕

科学と仮説　ポアンカレ　河野伊三郎訳
改訳 科学と方法　ポアンカレ　吉田洋一訳
エネルギー　オストヴァルト　山県春次訳
星界の報告 他一篇　ガリレオ・ガリレイ　山田慶兒訳
大陸と海洋の起源 —大陸移動説 全二冊　ヴェーゲナー　都城秋穂・紫藤文子訳
ロウソクの科学　ファラデー　竹内敬人訳
種の起原 全二冊　ダーウィン　八杉龍一訳
実験医学序説　クロード・ベルナール　三浦岱栄訳
完訳 ファーブル昆虫記 全十冊　山田吉彦・林達夫訳
増訂新版 アルプス紀行　ジョン・チンダル　矢島祐利訳
数について —連続性と数の本質　デーデキント　河野伊三郎訳
史的に見たる科学的宇宙観の変遷　アーレニウス　寺田寅彦訳
科学談義　T・H・ハックスリ　小泉丹訳
アインシュタイン 相対性理論　内山龍雄訳・解説
相対論の意味　アインシュタイン　矢野健太郎訳
自然美と其驚異　ジョン・ラバック　板倉勝忠訳

ニールス・ボーア論文集1 因果性と相補性　山本義隆編訳

ハッブル 銀河の世界　戎崎俊一訳

パロマーの巨人望遠鏡 全二冊　D・O・ウッドベリー　関正雄・湯澤博・成相恭二訳

生物から見た世界　ユクスキュル、クリサート　日高敏隆・羽田節子訳

ゲーデル 不完全性定理　林晋・八杉満利子訳

日本の酒　坂口謹一郎

生命とは何か ―物理的にみた生細胞　シュレーディンガー　岡小天・鎮目恭夫訳

行動の機構 ―脳メカニズムから心理学へ 全二冊　D・O・ヘッブ　鹿取廣人・金城辰夫・鈴木光太郎・鳥居修晃・渡邊正孝訳

ウィーナー サイバネティックス ―動物と機械における制御と通信　池原止戈夫・彌永昌吉・室賀三郎・戸田巌訳

岩波文庫の最新刊

大岡信・谷川俊太郎編
声でたのしむ 美しい日本の詩

詩は本来、朗唱されるもの――。万葉集から現代詩まで、日本語がもつ深い調べと美しいリズムをそなえた珠玉の作品を精選し、鑑賞の手引きとなる注記を付す。（2色刷）〔別冊二五〕 本体一一〇〇円

多田蔵人編
荷風追想

時代への抵抗と批判に生きた文豪、永井荷風。荷風と遭遇した同時代人の回想五十九篇を精選、巨人の風貌を探る。荷風文学への最良の道案内。〔緑二〇一-三〕 本体一〇〇〇円

柳井滋・室伏信助・大朝雄二・鈴木日出男・藤井貞和・今西祐一郎校注
源氏物語（七）
匂兵部卿―総角

出生の秘密をかかえる薫と、多情な匂宮。二人の貴公子と、落魄の親王八宮家の美しい姉妹との恋が、宇治を舞台に展開する。「宇治十帖」の始まり。（全九冊）〔黄一五-一六〕 本体一三八〇円

ヒューム著／犬塚元訳
自然宗教をめぐる対話

神の存在や本性をめぐって、異なる立場の三人が丁々発止の議論をくり広げる対話篇。デイヴィッド・ヒュームの思想理解に欠かせない重要著作。一七七九年刊行。〔青六一九-七〕 本体七八〇円

……今月の重版再開……

中勘助作
鳥の物語
本体八五〇円 〔緑五一-二〕

西田幾多郎著
思索と体験
本体七八〇円 〔青一二四-一〕

ジャック・ロンドン著／行方昭夫訳
どん底の人びと
―ロンドン1902―
本体九二〇円 〔赤三一五-二〕

加藤郁乎編
芥川竜之介俳句集
本体七四〇円 〔緑七〇-一二〕